U0517382

頭がよくなる！要約力

超级概括力

简单、清晰、准确把握本质的能力训练

［日］斋藤 孝◎著　许 倩◎译

华夏出版社
HUAXIA PUBLISHING HOUSE

图书在版编目（CIP）数据

超级概括力：简单、清晰、准确把握本质的能力训练 /（日）斎藤孝著；许倩译 . -- 北京：华夏出版社有限公司，2023.6

ISBN 978-7-5222-0487-1

Ⅰ . ①超… Ⅱ . ①斋… ②许… Ⅲ . ①思维训练 Ⅳ . ① B80

中国国家版本馆 CIP 数据核字（2023）第 039139 号

Original Japanese title: ATAMAGA YOKUNARU! YOUYAKURYOKU

Copyright © Takashi Saito 2022

Original Japanese edition published by Chikumashobo Ltd.

Simplified Chinese translation rights arranged with Chikumashobo Ltd.

Through The English Agency (Japan) Ltd. and Shanghai To–Asia Culture Co., Ltd.

超级概括力：简单、清晰、准确把握本质的能力训练

作　　者	［日］斎藤孝
译　　者	许　倩
责任编辑	赵　楠

出版发行	华夏出版社有限公司
经　　销	新华书店
印　　装	三河市万龙印装有限公司
版　　次	2023 年 6 月北京第 1 版　　2023 年 6 月北京第 1 次印刷
开　　本	880×1230　1/32 开
印　　张	7
字　　数	100 千字
定　　价	59.80 元

华夏出版社有限公司　网址：www.hxph.com.cn　电话：（010）64663331（转）

地址：北京市东直门外香河园北里 4 号　邮编：100028

若发现本版图书有印装质量问题，请与我社营销中心联系调换。

目录

02 第二章
概括力是生存的基本能力

03 第三章
概括力的基本功

04 第四章
概括力训练

05 第五章
超级概括力训练

序言

　　在现代社会中，大家生活的节奏都很快，沟通时需要简洁精炼地传达信息。现代人的工作速度也越来越快，再也不会回到以前的慢节奏了。

　　我们只要看看电脑版本的升级情况就知道了。电脑每次更新，运行速度就会提高。我们从未听说过有使电脑运行速度变慢的版本。

　　人们之间的邮件往来也越来越频繁，别说当天没收到回复了，就算是两个小时没有收到回复的邮件，也会有人感到焦急。这在传统通信时代是不可能的事情。

　　在速度越来越快的时代中，我们需要拥有快速概括信息和交换信息的能力。可以说，这个时代需要的是能

信息乒乓球化

打"信息乒乓球"的人才。

在以前，开一场新书选题会需要近一个小时，而现在，用简短的语言干净利落地沟通，五分钟就可以搞定。如果大家都有凝练的表达能力，工作就能迅速完成。

能够在短时间内处理信息的能力就是"概括力"。如果一个人具备了准确概括信息的能力，那么他在会议现场快速浏览资料后，就能立即说出现在的情况如何、有哪些问题需要解决。

在"信息乒乓球"时代，人们最讨厌逻辑混乱没有重点、啰里啰唆不得要领的发言。就像打乒乓球一样，我们都要成为能够快速接球、精准回球的人。

　　要是谁还会打"变化球"，那就更被大家视若珍宝了。能够根据时机和情况轻松打出有角度的回球的人，就会被人称赞"真是个聪明能干的人啊！""好想和他一起工作"，让人佩服得心服口服。

　　在如今这个"信息乒乓球"时代，概括力是我们必备的能力，这本书将带领我们学习概括力的训练方法。经过训练，你的概括力会越来越强。我在大学课堂上，会让学生们概括一本新书的内容，用十五秒的时间讲出来。练习得越多，学生们的概括力就越强。概括力的训练效果是经过实践验证的。

　　希望你们也能训练自己的概括力，在快节奏的信息化社会中乘风逐梦、踏浪前行。

01

第 一 章

现代社会需要概括力

① 概括力是现代社会中必备的能力

你是不是从小学开始，就做过概括一篇文章或一段话的练习？那时候你应该觉察到了，概括力是很重要的。

当你毕业之后，就没有人直接要求你去概括什么了。所以，不会有太多人感慨"概括力绝对是必不可少的能力"。

而我认为，概括力是我们赖以生存的基本能力，是人与人之间沟通的必要条件。

这种想法来源于我日复一日教学的感受，在课堂上，我经常遇到学生概括力不足的情况。

有这样一个例子：

在一堂课上，大家读完一本书后交流意见。

那堂课有一位主讲老师，我是作为辅助教师参加的，学生有十个人。让人惊讶的是，我和主讲老师的概括是一致的，而十个学生对同一本书的概括竟然五花八门，完全不同。

每个人对书中内容的理解都不一样，在这种状态下讨论不会有任何进展。不出所料，因为学生们对这本书的理解有偏差，不管是正面评价还是负面评价都没有切中要害。

尤其是负面评价，偏离正题的感觉更加明显。有些学生批判书中的内容，但因为他们的概括离题了，所以听起来只是一些情绪化的攻击，导致无法继续上课。

发表意见的时候，每个人有自己独特的想法也许是个好事，就像金子美铃的那句诗——"我们不一样，我们都很棒。"在概括的时候可就不是这样了。概括是大家发表意见前的共同基础，概括得不好，就会影响整个交流的效果。

这只是学校里的一堂课，概括力不足带来的后果顶多是没能进行建设性的讨论，而如果在工作当中，概括力不足又会带来怎样的影响呢？

比如，要做企划书，做重要的汇报，或者要制定销售策略，确定新的销售方向，面对这些重要的工作，仅用一句"因为大家意见不统一，所以我没做出来"来应付可是万万不行的。

还有，想与别人深交，但弄不明白别人说的话；或者不能领会别人的意图，无法和对方顺畅地沟通。如果被别人抱怨"那个人老是不能理解别人说的话，糊里糊涂的"，就会在不知不觉中被大家边缘化，而你却毫无办法。

对于一件事情，我们怎样去理解和概括，这个概括构成了我们在认识上的共同基础。正因如此，我认为，能够简单、清晰、准确概括事物的"概括力"是我们在社会上生存所需要的最重要的能力。

　　所以，本书的主旨就是，从概括力的视角出发，重新认识一切，重新磨炼自我。

⓿2 概括力能带来什么

首先，让我们思考一下为什么需要概括力，概括力能带来什么。

① 概括力能带来幸福

我是一个学者，经常写论文和阅读论文。论文的字数一般都很多，400字一页的纸，50页甚至100页都不足为奇。从头阅读这么多的字，是劳神费力的一件事。

我在读研时，曾在论文阅读上吃过很大的苦头。有一次，我阅读一位学者的长篇论文，历尽千辛万苦之后，最后看到一句："前文所述都是我要批判的内容，我要阐述的观点是……"后面都是与前文完全相反的内容。

我一脸愕然，心想：把时间还给我！我辛辛苦苦读了这么多，竟然只是铺垫，还没进入正题……

如今，为了避免这样的情况，论文前面加上摘要已经成为惯例。贴心的作者还会给读者列出 5 个关键词，读者在阅读正文的时候，只要根据这几个关键词去提取内容，就能顺利地概括出整篇论文的内容。

反过来说，如果不能为自己的论文列出 5 个关键词，那就说明，这个人不清楚自己论文的结构，而这个结构是非常重要的。别人检索论文时，这 5 个关键词就是钩住他们的"把手"。可以说，判断一个人的概括力水平如何，就看他能否提炼出这些"把手"。

如果作者的概括力很强，读者就不必费力去概括，这会为读者节省很多时间和精力。所以，概括力是能给人们带来幸福的。

相反，要是一个没有概括力的人担任了重要角色，情况就会很糟糕，让所有人感到不愉快。比如，会议的主持人如果概括力很差，就会让大家觉得云里雾里，使场面变得不可收拾，导致会议时间延长，大家的幸福时间就减少了。

和概括力强的人在一起，效率变高了，这就是一种幸福；和概括力差的人在一起，时间被无端浪费，事倍功半，这就是一种不幸。

在工作中，有时你需要提交一份报告或一个文件，如果你写的东西给别人的印象是"太长了"，这对你来说可不是件好事。

如果你用 A4 纸整整写了 25 页，对方肯定会想，呃……他好像有很多想说的，但有必要写这么多吗？！真希望他能写得短一点。

站在对方的角度去想，概括成一行最好不过。一行

有难度的话，五行也行。退一万步，要是能概括到一张
A4纸那么多，也是可以接受的。

概括力是让人们幸福必不可少的能力。如果你想让
别人感到幸福，你写的文件就控制在一张A4纸以内吧。
切记!

② 概括力让你更有魅力

"这个人的人品非常好，可是不管我说什么，他就是
不能领会我的想法。他是不是没好好听我说话啊？""他
好像只是在装作听我说话，其实完全没有听吧？真是白
费力气啊!"你的身边是否也有这样的人呢？

其实，大多数这样的人都在努力地听别人说话。但
是，由于不能概括说话人的意图，他只记得前头，没明
白后头，或者只对自己关心的细枝末节做出了反应。

他绝没有恶意，但无论怎样跟他说话，他的反应只

能让人大失所望。不用多久，大家就会觉得跟他说话毫无意义，对他避而远之，渐渐地，他就成了一个在重要场合被排斥的人。总之，他成了一个没有魅力的人。

而只要具备了概括力，就能快速领会对方的意见和想法，不会搞错对方的需求。如果你能够准确把握对方的意图，而且还能迅速回应，那对方就会心情愉悦，愿意跟你说更多的话。所以，概括力能让你成为有魅力的人。

我的朋友跟我说过这样一件事：

她因为工作需要，曾带着一大堆资料去拜访霞关的一位官员。

朋友是位非常优秀的女性，她一直不喜欢官员。她说，以前觉得官员只会要求你办理各种手续，还总喜欢摆架子，真的很讨厌。

那次她也是没有办法才去的霞关。当她想跟接待的官员解释资料时，那位官员只是啪啦啪啦地快速翻了几下，便干净利落地说出"情况是如何如何，问题是什么什么，应该怎么怎么去做……"。

他虽然只看了几眼资料，却干脆地指出了里面的错误："资料里有一些数据错了。"朋友对官员的表现惊叹不已。

朋友为官员的能力所折服，由衷地感到钦佩。她对我说："说到底，官员就是用概括力在工作啊！他们要处理大量的信息，如果概括不好，就无法做出判断。他们的概括力太惊人了！"

从那天起，朋友对官员的看法改变了，以前是厌恶至极，而那次之后，则心生尊敬和信赖。

如果一个人有概括力，可以准确地领会我的想法，那么，即使他与我意见不同，我也会对他感到佩服。至少，不会去排斥他。

我们常常把使人感觉很舒服的人叫作"善于倾听的人"，我想，善于倾听的人都善于概括。他们并不是在漫不经心地听，而是在心里概括出了说话人想要表达的意思。

　　所以，他们能够适当地随声附和，也能巧妙地接过话茬。想要打出漂亮的回球，必须先看清对方的球路。看清对方的球路就是一种概括力。

　　你希望他把球打到哪里，球就啪的一下落在哪里，让人心情舒畅。他让你很感动，因为你说的话他都能理解。你喜欢和他共处，和他相处时总是心情愉悦。

　　概括力会给我们带来好心情。

③ 概括力能帮助别人

　　如果擅长概括，可能会在意想不到的地方帮助别人。前几天，我应邀去一场演讲会做讲师，观众有五百人左右，大多是中年男人。

　　主持人说完"有请斋藤先生！"后，我走上去说："大家好！我是刚才主持人介绍的五条悟。"全场鸦雀无声，观众没有任何反应。

要是有孩子在场，可能多少会有点反应，可台下都是中年男人，他们不知道"五条悟"是什么。

五条悟是漫画《咒术回战》(芥见下下作，连载于《周刊少年 Jump》) 里的主要人物，他拥有超强实力，而且长相英俊。要想明白这个梗，必须先知道《咒术回战》是什么。

于是，我用十五秒左右的时间概括了这部漫画，让大家有了一个共同的认识。我是这样概括的：

《咒术回战》是描写与咒灵作战的咒术师的故事。咒术师是从人类中选出来的，他们使用术式与咒灵战斗。他们都有自己的必杀技，叫"领域展开"，五条悟的"领域展开"叫作"无量空处"，手势是这样的。

我只用十五秒的时间快速概括了一下这部漫画，大家就明白我开场时说的梗是怎么一回事了。他们大致知道了有一部漫画叫《咒术回战》，里边有一个人物叫五条悟，好像很有人气。

于是，当他们在公司里听到年轻人说起五条悟的时候，便可以加入他们的话题——"啊，五条悟啊！"，甚至还做出了五条悟的"无量空处"手势。也许，我的十五秒概括为这些中年男人的闲聊做出了一点贡献。

所以，如果有一个人能把现在流行的话题给概括出来，会给大家带来很大的方便。这样的人对社会是非常有用的。

再举一个例子。前段时间，有一个很火的电视剧叫《爱的迫降》，这是流媒体播放平台奈飞（Netflix）发行的一部韩剧，需要购买会员才能观看。

因为不买会员是不能看的，所以如果有几个人聊起这个剧，自己没看过，就没法加入话题。这时，你一定会有一种被疏远的感觉。

这时候，如果有一个人给你讲讲这部剧的大概情节，你就能加入他们的聊天了。比如有人这样给你讲的话，你就会很感激他：

《爱的迫降》讲的是，一个韩国财阀的千金因为滑翔伞事故迫降到朝鲜，和朝鲜的军官产生恋情的故事。可是韩国和朝鲜是早已分裂的两个国家，两个人之间有很多阻碍，让人看得很揪心。

只是一段十五秒的概括，就能让你大体知道这部剧的情节，然后愉快地加入聊天，和大家友好相处。而如果没有人告诉你剧情梗概，那你就很可能被晾在一边了。

交流的前提是大家有着共同的基础知识，知道了"这件事"，就明白了"那件事"。"这件事"就相当于基础知识。

比如，聊天的时候有人中途加入，他不知道之前大家都说了什么。这时，如果有一个热心人简单地概括一下，他就能知道大家聊的是什么话题，然后跟上大家的节奏，兴致勃勃地聊起来。

就像在高速公路上汇入车流一样，如果能在加速后顺利汇入主路，就可以跟上主路车流的速度，继续舒适地驾驶。但如果有一辆车慢吞吞地低速前进，不仅自己很危险，还有可能危及其他车辆，造成多重事故。

如果我们拥有概括力，就可以避免这样的"事故"，更好地与别人沟通交流。因此，概括力可以让社会运行更加和谐顺畅。

02

第 二 章

概括力是生存的基本能力

01 概括力能让我们准确把握现状

当我看到别人工作的时候，常常这样想：

这个人为什么做事那么慢呢？

这个人为什么抓不住重点呢？

这其中可能有各种各样的原因。比如，他在工作中遇到了难题。这个难题应该怎样去解决，每个人的判断都是不同的。

而我在看过形形色色的人之后发现，这里有一个共同的原因，那就是把握现状的能力。

如果能准确地把握现状，清楚现在是什么状况，现在需要做什么，就至少不会出现大的纰漏。如果不能准确把握现状，就可能会采取错误的行动，最后，不论是工作还是人际交往，甚至是人生，都在错误的方向上渐行渐远。

把握现状的能力对我们如此重要，而支撑这个能力的又是什么呢？我想，归根结底就是概括力。

简单说来，概括力就是抓住本质、发现问题的能力，能够准确地说出"总之，什么就是什么"的能力。

比如当我问大学生们，请说说现在是什么情况，现在需要做什么，有的人这时就跟不上节奏了。没有概括力，就无法准确把握现状。

前些天，有这样一个例子：我负责带的学生，都是将来要做教师的，他们目前正在实习。有一天，我问他们，现在孩子们的情况如何。有的学生回答得非常干净利落："只有三分之一的学生能完成作业，所以我要努力让那三分之二的学生跟上来。"听到这样的回答，我就可以放心地让他继续实习了。

然而，也有不少学生的回答让人担忧："嗯……那个……应该没什么问题……"

这样的回答说明他没有把握现在的情况，对现状没有清楚的概括和认知。若不及时纠正，他上的课就会收效甚微，事倍功半。对于这样的学生，我就需要对他进行指导。

02 训练内在概括力，突破现状

那么，怎样提高把握现状的能力呢？我想，最好的方法是进行概括输出的训练。

我们想要训练的是把握现状的能力，但这些都是个人头脑里的东西，我们无从得知他把握得如何。就连自己也很难判断，到底是不是准确地把握了现状。

假如把进步分为十个阶段，如果能用某种直观的形式，把自己现在所处的阶段表现出来，也就是输出出来，就可以进步，这是进步论的基本原理。简而言之，有反馈才能有进步。反之，如果不知道自己现在处于哪个阶段，就无法获得进步。

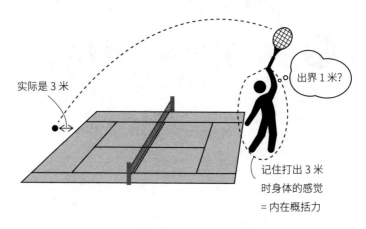

"身心合一"理论

　　美国网球教练提摩西·加尔韦的著作《身心合一的奇迹力量》中，阐述了网球的进步理论，我做教练时，也在实践中应用了这个理论。这个理论中运用了瑜伽的观点，也就是要让大家清楚自己现在处于什么状态，这是所有进步的基础。

　　例如，发球时，把球打到球场最后那条线（底线）外便是出界。为纠正出界，教练可能会要求学员调整手腕的角度，或者改变脚的方向、抬起胳膊肘等，这些试图从外部去纠正其姿势的做法，并不能奏效。

另一种做法是，教练先问学员："你感觉刚才出界了几米？"学员回答："刚才有 1 米吧？"然后教练告诉他正确的数值："不，是 3 米。"这就是反馈。

在这样的反复练习中，学员发球时自己身体内部的感觉和外部的数值即实际出界距离，越来越接近。渐渐地，学员就会知道，在什么样的感觉下，球会出界几米。身体内部的感觉和实际输出的数值两相对照，身体就会自然地进行调整。

于是，学员调整自己身体内部的感觉，把球打在界内，这就是"身心合一"理论。我做网球教练时，就应用了这个理论，取得了非常好的效果。

把自己心里的概括表现出来，然后及时反馈。这样，便形成了内部调整的回路，对于外部就能更准确地把握现状。

总之，要输出概括，并及时反馈。概括容易掌握，而把握现状则较难，所以，我们通过提高概括力去提高把握现状的能力。经过训练，概括力变强了，把握现状的能力自然就提高了。

要提高把握现状的能力是非常难的，因为这种能力需要综合的判断，既抽象又复杂。

而提高概括力的训练则容易得多。比如，当别人要你概括一篇文章或一段话时，你马上就可以着手去做。具体的训练方法将在第四章详细介绍。

概括力可以通过非常简单具体的方法去训练，既然抽象复杂又综合的把握现状的能力通过简单的方法就可以提高，那我们就没有理由不去做。如果有人不愿意训练自己的概括力，我会觉得很不可思议。

我来讲一个概括力使人准确把握现状，然后大大改变现状的例子。长野冬奥会的跳台滑雪团体金牌得主原田雅彦，因为在长野冬奥会之前的利勒哈默尔冬奥会上失败的一跳，从此一蹶不振。

而他妻子的一句"你要活得像你自己"让他找回自我，并说出"我原田多少次都能满血复活"的名言。他重返跳台，最终在长野冬奥会上夺得金牌。

"像你自己"这句话，就是长期陪伴在身边的妻子对丈夫充满深情的概括。听到这句话，原田找回了初心，他对自己进行了概括，重新冷静地思考了现在的状况，改变了一蹶不振的状态，恢复了以往的实力。

只要有了概括力，就自然有了把握现状的能力，能够准确地把握现状，也就能够改变现状。

顺便说一下，如果能把握现状，也就能做到快速决策。

对现状认识不清、工作和人生不顺的人，首先应该训练的不是把握现状的能力，而是概括力。

概括力的训练简单易行，在训练概括力的过程中，不知不觉地就锻炼了把握现状的能力。概括力在先，切记这个顺序。

03 共主观性统一是工作的起点

　　大家都处于同样的状况当中，但为何对现状的把握因人而异呢？那是因为，客观现状不是只有一个，每个人的看法都是不同的。

　　A看到的状况、B看到的状况和C看到的状况都不一样。十个人就会有十种状况。状况不是只有一个，这是现象学的基本观点。

　　不过，工作能力强的人在被问及现状如何时，他们的回答都基本相似。我曾在补习学校做过给学生批改试卷的兼职，在要求概括一篇文章的题目中，成绩不好的人都回答得一塌糊涂，让人直呼："哎呀，重点不

是那里，是这里啊！""那里怎么样无所谓，重要的是
这儿！"

　　而学习好的人则概括得大体相似。这说明，虽然对
状况的看法因人而异，但还是存在一定的共主观性的。

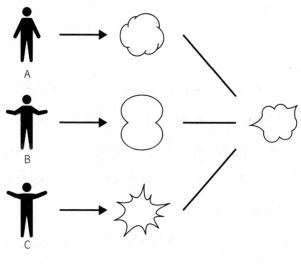

共主观性

　　共主观性也叫间主观性，是指主观与主观之间存在
共通性。主观是个人的东西，因人而异是正常的。十个

人体验同一个现实，每个人看到的是不同的，看法和见
解也有所不同。

不过，总的来说，大家会有一个共通的看法，认为
"大体是这样的"。现象学中将其称为"共主观性"或
"间主观性"。

比如，新冠疫情蔓延的时候，可能有少数人说，有
疫情反而更好。但绝大多数人都认为，如此厉害的病毒
肆虐，导致经济陷入低迷，人们的行动也变得不自由，
情况很严峻。这种认识在一定程度上是共通的。

"情况很严峻"是个人的主观看法，但把每个人的主
观看法提取出来，会有一定的共通性，这种共通性就是
共主观性或间主观性。

也就是说，绝对的客观是不存在的，但是，有某种
大家共通的认识，大概可以称为客观性，这就是胡塞尔
现象学的观点。

于是，我们在生活中，总是互相确认彼此的想法，
同时不断对共主观性进行调整。

如果共主观性不能统一，大家将很难在社会上生存。大家在一起讨论的基础，是接近客观性的共主观性，一旦发生偏离，将演变为无休无止且毫无结果的争论，这样的沟通是没有意义的。

共主观性换一种说法，也可以说是概括的结果。对状况做了怎样的概括，这个概括的结果就是共主观性。

电视上的辩论节目里，常常出现双方抬杠似的没有意义的争论，拖拖拉拉，没有进展。这种看起来非常不理性的争论背后，其实是共主观性没有统一的结果，暴露了某一方或双方在概括力方面的欠缺。

而如果共主观性统一的话，人们的沟通就会顺畅很多。大家可以一起干净利落地厘清现状和问题，在互相确认中迅速达成共识。

一旦达成共识，大家的想法就容易统一起来，工作时就可以快速决策，并立即开始正确的行动，这样，大家更容易成为职场精英。

所以，在工作中，请不要忽视共主观性的确认，即每一个概括结果的确认。

比如，你拿着销售数据，跟公司说情况很严峻，想要提出新的方案时，有人却说："这个程度的话并不严峻啊！"这表明，在那个人的概括中，现在的情况还不算严峻。

那么，你需要跟他确认："那这个数据严峻吗？""和这里相比，这个变化如何？"你需要一边向他展示其他的情况，一边确认严峻程度。"这个是这样对吧？""到这里可以是吗？""以上没问题是吧？"就像这样，一个一个地去积累共主观性是非常重要的。也就是说，要重视每一个概括结果的确认。

04 优秀足球队爆发的概括力

共主观性在体育领域表现得更为明显，尤其是在团体运动项目中，把握现状的共主观性即概括的共享至关重要。

我非常喜欢足球运动，十几岁时经常踢球，长大以后依然热爱，在重大比赛期间，平均每天都会看一场球。

我在前些日子才意识到自己为什么如此喜欢足球。那是因为，足球是一种需要准确把握状况、随时和队友传达共主观性的运动。简而言之，足球是概括力定胜负的运动。

比如，在比赛前半场，由于战术落空，不能按照最初的计划进行，一方球队陷入危机。

队员们感觉到了危机，于是，他们迅速概括现在的状况，说着："我往这里，你去守住那边！"他们用极其简短的话语，在比赛中不断调整共主观性。

迅速把握状况，概括后传达给队友，这种能力强的队员越多，球队在比赛中就越善于调整，很快便能重整阵型，恢复战斗力。

再比如，一个优秀的教练会在中场休息时，向队员们快速概括现在的状况、指导战术："现在是这样的情况……这里咱们这样……这么踢……这样调整……"

中场休息时间非常短暂，只有十五分钟，而队员有十一个人。并且，队员们需要利用这个时间换换衣服、休息休息，教练没有时间对每一个人详细指导。因此，教练如何概括上半场形势，如何将其传达给队员，是决胜的关键。

优秀的教练对每个队员的概括都非常准确，就像排列马赛克一样，在下半场的绿茵场上拼出完美的图案。

下半场的比赛常常让我眼前一亮——"哇，战术完全不一样了啊！"所以，我看比赛的时候，非常期待的就是下半场的战术变化。

长期担任日本国家足球队队长的长谷部诚，拥有出色的把握现状的能力，是一位表现出了超级概括力的足球运动员。他虽然只是一名运动员，但也像教练一样能够把握全局、发出指令，他甚至被称为"绿茵场上的教练"。

而且，他曾效力于德国足球队，还会用德语发出指令，或许他在德国也能胜任教练一职。

每当我看到他卓越的能力，都会感到钦佩不已，不禁赞叹："长谷部的概括力真是厉害！他真的让我们引以为傲！"

　　总之，共主观性统一的团队才能有高水平的表现。大家在反复磨合各自意见的过程中积累团队的共主观性，这是非常重要的。

05 成功者的一个重要特质是拥有抓住本质的能力

　　到了这个年纪，我见过世上的种种失败。我想，其中的大多数原因，都可归结为概括力不足。

　　反过来说，成功者的一个重要特质就是拥有概括力。这里的概括力指的是，能够简单地、清晰地、准确地抓住本质的能力。

　　在思考"本质"的时候，我的脑海里常常浮现出数学和物理学的公式。例如，牛顿运动定律可以用 F=ma 这种极简的公式表示出来。F 是力，m 是质量，a 是加速度。

　　基本上，所有物体的运动都可以用 F=ma 来表示。

牛顿把世界上力和质量的关系，加上加速度这个因素，概括成一个小小的公式，这是简单到极致的概括。我在高中物理课学到这个运动方程式时，就为牛顿的概括力惊叹不已。

爱因斯坦的 $E=mc^2$ 也是一样，他把能量和质量的关系概括成一个简单的公式。E 是能量，m 是质量，c 是光速，即所有物体的能量都等于它的质量乘以光速的平方。这是多么简洁明了又直击本质的概括啊，简直让人佩服得五体投地。

这两个公式都极简地概括了宇宙原理，用算式表示出来。它们直接抓住本质，简约而富有美感。如果一个人有如此高超的概括本质的能力，不管在哪里都会成功。

成功者都有这种能力，他们总是尽可能简洁地抓住必要的本质要素。我们也应该在看待事物时，多想一想它的本质是什么，绝对不可或缺的要素是什么。

洞见本质，极简概括，这种能力的磨炼便是成功之道。

说到这里，我想起日本作家幸田露伴的女儿幸田文在随笔集《拖油瓶》里这样写道——幸田露伴说妻子几美"聪明得简直让人掉眼泪"。丈夫太佩服妻子，说她"聪明得简直让人掉眼泪"，可见这是多么厉害的一个女人。

这个女人到底有多聪明，有一件事可以说明。几美从没吃过西餐，但她一听丈夫的描述，就能做出来，而且与所形容的相差无几。丈夫问她是怎么做到的，几美反问道："西餐的灵魂不就是酱汁吗？"

正是因为几美抓住了西餐的本质，知道了西餐的灵魂不是肉类，也不是蔬菜，而是酱汁，才问出了这样的问题。几美在思考什么是西餐的关键要素时，得出了"酱汁"这个简单而又准确的答案。

幸田文写道，自己从没有像母亲那样照顾过父亲幸田露伴。也许，她是觉得这样的母亲自己永远也无法超越吧。

铃木俊隆禅师和佛教学者铃木大拙将禅学弘扬到了全世界。他用一句话概括道："禅者的心应该始终是一颗初心。"若将禅学细细道来，三天三夜也讲不完，但要问禅修最重要的是什么，归根结底就是"初心"。极简概括，一语道破本质。

铃木俊隆用英语书写"初心"，流传于世，将"禅"带到了全世界。他的著作《禅者的初心》在20世纪60年代给美国年轻人带来了深远的影响，史蒂夫·乔布斯也是它的忠实读者之一。

就像牛顿的 F=ma 和爱因斯坦的 $E=mc^2$ 一样，正是因为洞见本质和极简概括，才使得这一东方哲学渗透到全世界。

如果我们平时也能常常思考"这个简单概括一下是什么呢"？说不定脑海中就会浮现出一句不同寻常的话。

如果这句话可以改变世界，那么，你就是成功者。

06 终极的概括力是下定义

把事物的本质用一句话概括出来，也就是给事物下定义。可以说，终极的概括力就是下定义。

就像武士道经典《叶隐》中脍炙人口的一句——"所谓武士道，就是看透死亡。"这极简的一句，就是给武士道的本质下的定义。

再如，有一种说法是，"歌"的词源是"诉说"，所以，为歌曲下定义的话，就可以说"歌曲就是一种诉说"。

提到"诉说"，我想起山口百惠的歌，她的歌听起来的确是对人们的心灵诉说着什么。中村芽衣子的丈夫、作曲家神津善行曾说，山口百惠并不是完全按照谱子唱的。

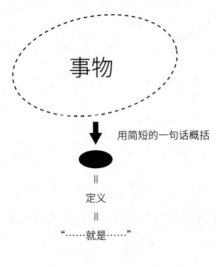

用简短的一句话概括

＝

定义

＝

"……就是……"

下定义的方法

据说山口百惠唱歌有时候会比谱子低半音。但神津善行说，这是没关系的。真正打动人心的歌曲，并不是要和谱子分毫不差，也许正是通过歌手本人的演绎，才更能抵达人们的心灵，诉说情感。

如果发现歌曲的定义就是"一种诉说"，那么，我们听歌时就与以往不同了。在卡拉 OK 里唱歌得 100 分的人，并不一定能感动听众。

"他唱得不算好，但为什么感觉心被刺痛了呢？""为什么他唱得那么好，却感觉一点儿也不走心呢？"如果我们知道了歌曲的定义就是一种诉说，那这些问题自然就有答案了。而且，我们对歌曲的理解也会变得不一样。

所以，如果找到每个事物的定义，我们对事物的理解就会更加丰富，人生也就更有乐趣。

"人生就是寻找终极定义的过程。"

这句话简直可以作为我的人生格言。

下定义有非常简单的方法，只要套用"……就是……"的公式即可。

例如，当我们思考"婚姻就是……"的时候，会有很多种定义。有人说"婚姻就是十八层地狱"，也有人说

"婚姻就是一个巨大的误会"。

　　神话学者约瑟夫·坎贝尔的访谈集名字是《约瑟夫·坎贝尔如是说：有爱的婚姻是一场冒险》，这也是一种定义。

　　所以，定义未必只有一个。前文也说过，要想洞悉事物的本质，我们平时就应养成习惯，常常思考"如果用简短的语言概括，应该怎么说呢"？

　　要是最终能够下得了定义，说出"……就是……"，那你就能看透世事，笑对人间。当你拥有下定义这个终极概括力的时候，你将无所畏惧。

另一方面，下定义也是一件很可怕的事情，这听起来和前文有些矛盾。当你说出"……就是……"的时候，可能会有人质疑："是这样吗？"

那是因为，定义未必只有一个。当一个人抓住了某件事的本质，断言"……就是……"的时候，另一个人虽然表示"你说得很对"，但他心里总觉得哪儿有点不对头。

当自己刚刚对某种状况下过定义后，可能又会感觉"咦，也许不是这样"。心理学把这种心理上的感觉称为"体会"。这是美国临床心理学家尤金·简德林提出的理论。

我们自己身体的感觉和心理变化会有一段相对照的时间，叫作"聚焦"，在这个过程中，如果产生一些不可名状、模糊微妙的感觉，那便是"体会"。

体会是一种隐隐约约、难以表达的感觉。如果能给体会安上把手，把它变成有形的东西——比如语言，心情就会变得轻松。

这是简德林著作中的一个例子：丈夫在公司升职了，妻子理应感到高兴，但她却有一种不太舒畅的感觉。当她弄明白这是出于嫉妒的心理之后，就可以用语言概括出来："哦，原来我是在羡慕他啊！"说出来后，那种不舒畅的感觉就好多了。

人在心情不舒畅时会很难受，谁都一样，严重时还会变得神经衰弱。而如果能够把这些感觉用语言概括出来，比如"这是在嫉妒他啊""这是好胜心作祟""这是自卑"，心情就会轻松很多："明白啦，原来是因为这个啊！"

当自己感觉不对头、心里不舒畅时，可以给这个体会起一个名字。名字有了，不舒畅感就会消失，心情就会好起来。给不舒畅的体会起名字也是一种概括。

心情不舒畅

明白啦！

嫉妒心

体会

夏目漱石年轻时曾在伦敦留学，当时他患上了神经衰弱。他在伦敦一间公寓里苦闷度日，离群索居，感觉自己像是被闷在一个袋子里似的。

苦闷，这就是夏目漱石当时的体会。他希望能有一个锥子，从里面扎破那个闷住自己的袋子。

后来他找到了"自我中心"（selfish）这四个字。当时他自己的精神状态可以用苦闷彷徨来形容，能改变这种精神状态的就是"自我中心"这几个字。

所谓"自我中心",就是不顾英国人的眼光,按照自己的意愿去研究文学,这是自己目前最应该做的事,是他今后的前进方向。

这四个字里面,是一颗坚定的心——无须自卑,以自我为出发点,"自我"地做下去就可以了。

这种不舒畅的感觉到底是什么?解决它的武器又是什么?

夏目漱石找到了能让自己调整心态的几个字,从神经衰弱中走了出来。

他在一场题为《我的个人主义》的演讲中说:"这几个字让我变得如此坚强。"虽然只有短短的四个字,但夏目漱石以自己的体会为线索,用语言概括出了当时的状况,使其成为解决苦恼的动力。

不知为什么,心里总觉得不痛快。如果这种感觉已经成为你的脚镣,是你烦恼的来源,那你就要把这种不痛快的感觉用语言表达出来,这就是一种概括。如果没有概括，夏目漱石就只能永远闷在伦敦的一间公寓里，继续苦闷彷徨下去。

也许我们无法像夏目漱石那样明确地找到那几个字，但至少可以给自己的体会取一个名字。在不断尝试的过程中，你就会发现解决苦恼的线索。

03

第 三 章

概括力的基本功

在这一章，我们将面向那些对概括力没有自信的人，介绍一些概括力的基本技巧。

概括力不是与生俱来的，这是我在听小学生说话时感觉到的。

小学生说"嗯……嗯……然后……"是很可爱的。我以前教过小学生，他们讲故事梗概时，有的孩子一直拖拖拉拉地说："然后……后来……然后……后来……"

小学生这样说话，别人说一句"好可爱"就过去了，但如果成年人也一直说"然后……然后……"，就会暴露自己概括力不足的缺点，让人不禁担心：把工作交给这个人没问题吗？

如果平时没有概括力的意识，就永远也不会掌握它。一个成年人要是总说些不得要领的话，就不会被交托重要的工作，他脚下的路就会越走越窄。

那么，怎样才能练就概括力呢？

01 概括前需要准备，给自己一分钟的准备时间

　　这里很重要的一点是，花一点时间去准备概括。在向别人传达信息的时候，如果完全没有准备，直接开始说，就像出海没带地图，也没带指南针。

　　说的人对于船要往哪个方向行进、怎么航行，完全不清楚。听的人也摸不着头脑，不知道自己要被这艘船带到哪里去。

　　但只要在概括前花一点时间准备，情况就会大不相同。我在上课时会当场提出一些问题，让学生回答。如果突然点名，肯定有人回答得不够流畅。

　　而只要给他们一分钟的准备时间，学生们都会回答

得很好，好得简直让人不敢相信。

虽然只有一分钟，但只要有一点准备时间，他们就能讲得很有条理。这个概括准备时间就是提升概括力的训练时间，经过准备的概括效果更好。

所以，我建议大家养成留出概括准备时间的习惯。

比如读一本书，有很多人读完就结束了。

今后，当我们读完一本书时，可以花一点点时间，哪怕一分钟也可以，试着概括一下。或者看完一部电视剧后，用一分钟概括一下情节梗概。虽然只有一分钟，但只要持之以恒，几年后，你的概括力与之前相比，将会有天壤之别。

谈论概括力的时候，我总会想起藤田嗣治的画。他的画是用一些极简的线条勾勒出来的。

每一条线都倾注心血，每一条线都恰到好处。正因如此，才能在极简的画面中传达出无限的造型美感。据说藤田嗣治为了画好一条线，会事先画很多草图练习。

绘画领域中，这种练习虽然不叫概括力，但每一条极简的线里，都积累了无数次的草图练习。

想练就概括力，就要像藤田嗣治练习草图那样，常常花点时间练习概括，不断地练习下去。

02 在心里整理好思路，先总结共识更显智慧

我们说话前，要先在心里想一下再说，这是理所当然的社会常识。然而让人意外的是，好多人并非如此。一有说话的机会，就信口开河、喋喋不休者，大有人在。

当然，概括力强的人可以边说话边找出结论，轻松主导话题的方向。但对于普通人来说，尤其是对于想要提高概括力的人来说，没有比脱口而出更草率的事了。

前文说过，概括之前需要准备，这时可以先在心里整理一下说话的内容。

至少要快速整理一下要说的主题、关键词和结论，这样是比较理想的。如果实在考虑不了这么多，要至少

确定好结论。目标确定了，往这个方向说，话题就不会
迷路。

　　开会时，如果在发言之前有一定的准备时间，就可
以在心里或本子上记一些关键点，比如必须要说的内容，
或者需要总结的事情。

　　仅仅这些就已经够了，如果想要表现得更加高级，
可以在开头先简单总结一下大家的共识，那么，你一定
会让大家赞叹不已。

　　比如，"目前情况是这样的……需要解决的问题
是……"，或者"目前为止您说的主要内容是……"，先
在开头简单总结一下共识。

　　这里需要注意，我们要根据具体情况随机应变，这
种总结一般用五到十秒就可以了。时间太长，大家就会
觉得啰唆——这些我们都知道，为什么还要再重复呢?

　　要想把共识总结好，一个有效的方法就是当自己是

一个评论员。

我常常被邀请到电视台做评论员。对复杂事态做评论时，我会先用五到十秒概括一下目前的状况，再做简短的评论，一共控制在二十秒左右。

这样比只做评论更能得到大家的共鸣。

你也可以在看电视的时候想一想，假如自己是电视里的评论员，该怎么去说呢？看新闻时，不要只漫不经心地随便听听，而是应该想想，如果用十秒概括这个新闻，应该怎样去讲？

如果每次看新闻都做这样的训练，那么，简单的内容你都可以用五到十秒概括出来。当你把它运用到开会上，陈述自己的意见之前，先说出"目前大家的意见是……需要解决的问题是……"，那么你便能轻松把控现场，大家就会给你很高的评价。

03 开头不宜过长

　　概括力"小白"往往容易把开头说得过于详细，导致时间太长。

　　如果你迟迟不能进入正题，对方就会感到不耐烦。你说话的要点不清晰，则会让人觉得"这个人脑子不太聪明"。

　　比如，概括《浦岛太郎》这个故事的时候，如果你这样说——"很久很久以前，有一个叫浦岛太郎的渔夫，他和母亲生活在一起。有一天，太郎去海边钓鱼，看到那里有几个孩子在用工具欺负一只海龟。那是一只很大的海龟。海龟看起来很痛苦，浦岛太郎觉得它很可怜，制止了孩子们……"因为说得过于详细,开头就占用了太长时间,实在让人听不下去。

做出这种概括的人很典型,他们看书时,只在开头看得很认真,越到后面越觉得麻烦,中途干脆放弃。

人们在自由支配时间的时候,往往容易在最开始投入过多的精力。常常听到有人谈起自己在入学考试中的失败教训——在前面的题目上花了太长时间,导致后面分数更高的大题还没来得及做,考试就结束了。

正确的做法是,先浏览整张试卷,做好时间规划,为了做完所有题目,估算出每个题目应分配的时间,确定哪些题目应该做得稍微快一点。

概括也是一样。先通观全局,弄清楚哪里是重要内容,哪里是细枝末节,就可以合理地分配精力,把时间主要放在重要的部分,使整个概括详略得当,有张有弛。前面提到的《浦岛太郎》,故事的高潮在后半部分,所以,开头的部分就需要加快速度。

《浦岛太郎》的童谣，就是一个很好的概括：

很久很久以前，浦岛被自己救下的海龟带到了龙宫，龙宫里美得像画一样。

孩子们在海边欺负海龟的铺垫部分被压缩到短短几个字，这就是概括力的基本功。我想，这首童谣的词作者一定是位概括力很强的人。

如果你对自己的概括力没有自信，至少要记得，开头的铺垫部分不要说太长，这样你的概括才会更加简洁明了。

04 确定起点和终点，放上过河石

　　首先，开头不宜过长。然后，简洁地概括全部内容，不要漏掉重要的部分。

　　在大学课堂上，我会让学生们概括自己读过的书，给大家讲一讲。做这种练习时，我会让他们想象过河的情景。

　　第一步，想象面前有条河，我们要过河去对岸。为什么会想到过河呢？是因为我上小学的时候，就住在河岸边。那时候，我常常和小伙伴玩过河的游戏——在河里放上石头，然后踩着石头蹦蹦跳跳地跑到对岸。

　　第二步，把过河的情景应用到概括上。河这边的起点是"浦岛太郎在海边，孩子们在欺负一只海龟"。

河对岸的终点是"浦岛太郎打开玉匣后，一下子变成了老人，头发全白了"。

在起点和终点之间放上过河石，再蹦跳着跑过河，就是概括了。一边想象过河，一边联想概括，也可以写在纸上。

确定起点和终点，中间放上过河石。讲的时候先从起点开始，按顺序跳过过河石，最后到达终点，这就是概括的捷径。概括力"小白"请先掌握这条捷径。

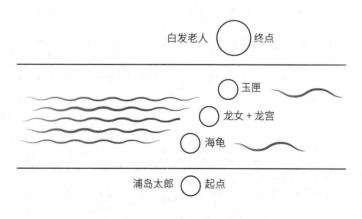

放上三块过河石

那么，放几块石头好呢？

首先，起点有浦岛太郎这个人，这是没有问题的。然后，他在海边救了一只被人欺负的海龟。海龟是必不可少的要素，这是第一块石头。至于海龟是怎样被欺负的，当时有几个孩子等细节，都可以省略。

海龟为了报恩，带着浦岛太郎去了龙宫。龙宫里有个龙女，对浦岛太郎各种盛情款待。这是第二块石头。

浦岛太郎纵情欢乐，流连忘返，当终于要回去的时候，龙女送给他一个玉匣。

当他回到原来的海边时，景色完全不一样了。浦岛太郎很惊慌，不知道这是哪里。他打开了龙女不让打开的玉匣，玉匣冒出一阵烟，浦岛太郎变成了白发老人。这是第三块石头。

让我们来想一想其中必不可少的要素。要想概括得简洁明了，建议放三块过河石。一般来说，人最多只能清楚地记到三个要素。三个以上，注意力就会变差，五个以上的话，连记都不想记了。

如果把关键要素归纳成三个，作为第一块石头的海龟还有龙宫、玉匣看起来都是必不可少的要素。龙女似乎也很重要，可以和龙宫组合起来，作为第二块石头。玉匣就是最后一块石头。

如此一来，海龟、龙女＋龙宫、玉匣，就是到达对岸终点的三块过河石。只要有了这三个要素，谁都能概括出来。

但如果漏掉了这些石头，哪怕只漏了一块，也会扑通一声掉进河里。概括力"小白"可以画一画，画出一条河，确定起点和终点，想一想这三块石头都是什么，这样就能顺利概括出来了。

05 先找到脊柱，再充实内容

　　如果三块过河石不太容易确定，也可以先找到"脊柱"，也就是故事的主干，再加上"四肢"和其他部分。

　　以《桃太郎》为例。故事内容如下：

　　有一天，老公公到山里砍柴，老婆婆去河边洗衣服。洗着洗着，河里漂来一只大桃子。（这里故事变得有趣起来，套用刚才放过河石的方法，起点就是"发现桃子"。）

　　当他们把桃子切开后，蹦出来一个男孩，于是，他们给男孩取名叫"桃太郎"。桃太郎长高后，便出去打妖怪。

桃太郎用糯米团子收下了小狗、猴子和野鸡当随从，他们一起去魔鬼岛打败了妖怪，带着宝物回来了。

终点是"桃太郎带着宝物回来了"。

所以，起点是"发现桃子"，终点是"桃太郎带着宝物回来了"，过河石是"桃子里蹦出来的男孩""收下狗、猴子和野鸡当随从""打败妖怪"。

如果想要概括得更简短一些，就可以说："桃子里蹦出来的少年桃太郎打败了妖怪。"这就是故事的主干，主干部分是必不可少的。反过来说，只要找到了这个主干，其他什么也不加，也勉强算是概括。

要是还有余力，就再加上"小狗、猴子和野鸡""糯米团子"等，让内容更丰富一些。

我们人类是脊椎动物，没有脊柱便无法生存。在思考这个故事的"脊柱"是什么的时候，只要找到了必不可少的要素，就可以做出最低限度的概括。

在这里，我要为概括力"小白"们介绍一个简单的找出"脊柱"的方法——找到故事的高潮部分。一般来说，那个绝对不能漏掉的高潮部分就是"脊柱"。概括的时候死死守住这个"脊柱"吧。下面以《蜘蛛丝》为例。

脊柱

先找到脊柱
再加上四肢

恶人犍陀多堕入了地狱，释迦牟尼想起他生前曾救过一只蜘蛛，便从极乐世界垂了一根蜘蛛丝下去。

犍陀多顺着蜘蛛丝往上爬，却发现其他恶人也源源不断地尾随其后，他大吼："下去！下去！"突然，蜘蛛丝断了，犍陀多再一次堕入地狱。

这个故事的高潮部分是"蜘蛛丝断了，犍陀多再一次堕入地狱"。这是故事的"脊柱"，绝对不能省略。

接下来给这个"脊柱"充实内容就可以了。极乐世界中的释迦牟尼和地狱里的犍陀多之间的对比，犍陀多爬上释迦牟尼垂下的蜘蛛丝，犍陀多让尾随其后的人下去，结果蜘蛛丝断了。把这三个内容加在"脊柱"上，就可以做出适当的概括。

最低的要求是只说出"脊柱"，这也算是概括。如果觉得很难，就先只说出高潮部分，这也是适合概括力"小白"学习的一个基本技巧。

故事梗概是对情节做出的概括，还有一种是对主题的概括。

这个故事的主题是犍陀多的利己主义。他没有改正利己主义，所以蜘蛛丝断了，使他再一次堕入地狱。这就是主题概括的关键要素。

06 也可以用关键词代替过河石

　　我们进行概括的时候，可以参考标题和小标题。报纸和杂志的文章开头有一个标题，文中会有一些小标题。如果留意这些地方，你会发现，这些标题常常使用正文中的关键词。

　　关键词提示文章的内容概要，是重要的线索，不能忽视。

　　我在读文章时，会把我认为是关键词的地方画圈标记出来。以后再看时，只看这些画圈的地方，就能大体概括出文章的内容。

前面说过，概括的捷径是，想象过河的情景，确定起点和终点，放置三块过河石连接起来。还有一个方法，就是用关键词代替过河石。

前几天，我看了一本杂志，叫《日经科学》(2021年6月号)，那本杂志里有概括的绝佳示范，所以在这里介绍一下。这本杂志刊载了各种各样的论文，论文前面写有摘要，作为对正文的概括。

其中有一个特辑叫"持续一生的健康差距"，里边刊载了一篇论文，题目是《日本调查显示的经济差距与儿童健康》。

只看题目我们就会知道，这篇论文的关键词是"经济差距""儿童"和"健康"。这就是文章要讲的全部内容，不看正文也可以想象出来。

这篇文章的主旨应该是，人的健康是有差距的，这是经济差距造成的。家庭的贫困对儿童的健康有不利影响。

标题下面，有一段简短的摘要。读过摘要后就可以知道，这篇文章讲的是，如果母亲家庭贫困的话，会对腹中胎儿产生危害，这个危害在该儿童长大后也将持续产生影响，并伴随孩子一生。

"儿童""健康""经济差距""一生"，这些关键词就相当于过河石，把这些串联起来，概括一下子就出来了。

所以，关键词是我们概括文章、把握文章内容必不可少的要素，请记得把它们圈出来，不要漏掉了。

持续一生的健康差距

调查显示，吸烟、精神压力大、偏食，是贫困女性常见的现象，而这些都会对女性腹中的胎儿造成危害。更严重的是，这些危害在儿童长大后也将持续产生影响，并伴随一生。日本的调查研究也表明，经济差距导致的贫困将损害儿童的健康。为此，我们需要尽快在社会上开展支援行动。

　　最近看过的报纸中,《读卖新闻》的一篇文章(2021年4月26日)标题很有趣,写的是美食家平野女士记忆中的味道,标题是《舌头维系的亲情》。

　　标题里的"舌头"就是一个关键词。一般标题会写成《舌尖维系的……》或《味道维系的……》,但这篇文章用的是非常口语化的"舌头",可能是因为平野自己平时就这么说吧。

　　更有趣的是平野的一个回答——"让我们的亲情维系了一百年的不是肌肤之亲,而是舌头之亲。"不是"肌肤之亲",而是"舌头之亲",这是多么让人印象深刻的表达啊!

借用有趣的关键词,你的概括就会给人留下深刻的印象。当然,概括时中规中矩地说"美食维系的亲情"肯定没有问题,但难得遇到一个这么有趣的关键词,我们没有理由不用它。

一般的概括往往失去了原文的趣味性,但哪怕只用上一个有趣的表达,也会让自己的概括与众不同。

最近我看到的一个非常好的概括,是亚马逊网站上《冰雪奇缘》的电影简介。简介里有这样一句——"爱莎公主无法控制自己的'禁忌之力',使王国变成冰天雪地。"

《冰雪奇缘》这部电影(克里斯·巴克、珍妮弗·李执导,2014 年上映,美国)的关键词正是"禁忌之力"。"禁忌之力"使王国变成冰天雪地,这是《冰雪奇缘》所独有的,是在其他电影中看不到的。

在这个简介中,关键词"禁忌之力"加上了引号进行强调，所以非常简明易懂。这不是一个泛泛的概括，而是更加深入的概括。

借用一个有趣的关键词，你的概括就会别具一格。除此之外，也可以给关键词加上引号进行强调。学会了这招，概括力"小白"也能做出让人印象深刻的概括。

08 用粗体字说话

　　如果你在平时说话时也能注意概括力的训练，就会取得更快的进步。说话时，自己需要留意哪个是关键词，哪里是要点。

　　拿印刷品来说，重要的地方会使用粗体字，同理，我们可以把它运用到说话上。比如，说到粗体字的部分，就自然地提高说话音量，或者加上手势，使说出来的话有张有弛。

　　我从小就整日与铅字为伴，所以说话时脑海中自然而然地就浮现出铅字，也会自然地知道哪里应该用"粗体字"去说。

我想，这就是热爱阅读之人的强大武器。普通人用声音说话，而热爱阅读之人会用铅字说话。

所以，感觉自己概括力不足的人要尽量多去阅读。报纸也好，书籍也好，杂志也好，铅字里边常常会有粗体字，通过这些粗体字就能知道文章内容的起伏与层次。

用粗体字说话

　　说话时，可以一边想着使用粗体字的词，一边留意"这句用粗体字""这段作为小标题""这个词要加引号"……

　　当我们学会用粗体字说话之后，该强调的地方和无需强调的地方就会层次分明，自己概括的时候也将更加顺利。

09 图表里的终极概括

　　日本文部科学省新发布的关于学习能力的报告中显示，阅读理解能力被视为一个非常重要的能力。其中指出，从图表中读取信息的能力是人们必须具备的学习能力。

　　图表中的文字很少，要从中读取信息，需要很强的概括力。

　　概括力欠佳的人看到图表后，常常是一头雾水。

　　确实，看表格的时候，一长排数字摆在那，不习惯的话根本不知道要看哪里。要是没有人给指出具体位置，比如"每个县的这个部分"或"请注意 y 轴这里的变化",只看一排排数字,很多人根本看不进去。

有时候,我需要根据一些客观的数据做报告,为了突出重要数据,我一般用箭头等表示数据的变化倾向,或者用不同的颜色做出标记。

当我自己需要看懂一个图表时,我会在上面加一些标注。比如,在发生变化的节点加上记号,用箭头做出标记,或者补充一个事件……用自己的方式标注图表,以后再看时,这个图表就是一个概括。

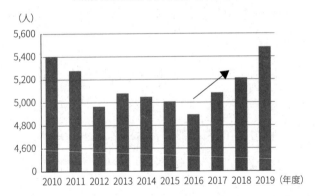

因精神疾病而停职的教师人数走势图

日本文部科学省数据

图表是一种抽象的表现形式，在概括时多多少少需要添加一些文字或记号进行补充。若使用插图表示的话，则插图本身就是概括了。

我见过的非常简明易懂的一本书是《哲学用语图鉴》（田中正人著，斋藤哲也编，President 出版社）。这本书把晦涩难懂的哲学知识用图画概括了出来，非常容易理解。

我们来看看笛卡尔的著名哲学命题"我思故我在"在这本书里是如何解释的吧。笛卡尔认为，世界上的事物，包括亲眼所见，也许都是虚幻的。唯一确实存在的，就是思考这件事的自己的意识。这就是"我思故我在"的含义。

下页的插图把这个哲学命题变成了图画。只用语言很难讲明白的哲学概念，画成插图后，就非常容易理解了。

概括的目的就是简明易懂地传达信息，所以，用插图来说明的方法是非常有效的。学校的老师们也会在写板书时画图来解释。另外，这个方法在商业书籍中也很常见。

安宅和人的《麦肯锡教我的思考武器》（イシューからはじめよ，英治出版）中，使用了很多插图来概括原理，非常容易理解，获得了读者的好评。

例如生产率的公式。公式已经是最简明的概括了，这本书又加上了图示，就更容易理解了。

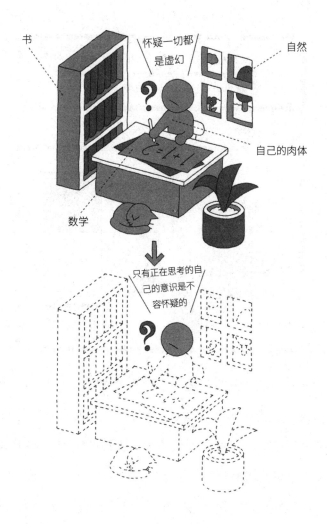

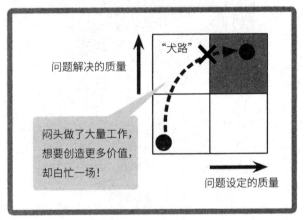

图中的"犬路"是一个很有趣的词，不可踏入的"犬路"是指专心致志地做了大量工作，从而到达有价值的区域之意。"犬路"是安宅和人独创的词，是指生产率低下、事倍功半的工作方式。

只用言语解释，可能有的人还不是很明白，画成插图以后，就很容易理解了。这是因为，插图本身就是对概念的一种概括。

如果你会手绘，或者会用电脑画图，就可以做出图文并茂的概括，这样不仅能更好地传达意思，同时也能加深自己的理解。这个方法也非常适合概括力初学者。

⑪ 几个锦囊让你化险为夷

你是否有过这样的经历：突然被要求概括什么，自己顿时不知所措，大脑一片空白。突然被点名，要求必须在短时间内概括出来，这对概括力"小白"来说，简直就是一场灾难。

送你几个锦囊，让你在危机时刻化险为夷。

① 开门见山说结论

开会或上课时被点名，什么也说不出来是最逊的了。

所以，不管三七二十一，先说上几句。提交书面的东西也是一样，在截止日期前必须写点什么提交，这是对于社会人的最低要求。

那这种情况应该怎么办呢？我的建议是开门见山说结论。如果情急之下，啰里啰唆地说了一通现状和经过，就像前文中提到的那样，只会让对方感到不耐烦。这是概括力初学者非常容易犯的一个错误。

既然别人叫你概括，就不能啰唆一堆没用的，用几句话简要地说出重要内容，这样才会获得更高的评价。

"起点—过河石—终点"是概括的捷径，紧急情况下，可以直接从"终点"开始，按照"结论—根据或原因"的顺序，就可以做出最基本的概括了。

举个例子。我们来看《每日新闻》上的一篇文章（2021 年 4 月 26 日）。文章有一个醒目的标题——"居家办公政策落实速度减缓"，标题就是结论。

文章标题直接道出结论。再看文中的小标题，"上班人数减少七成任重道远"，显示了落实速度减缓的数据。

下一个小标题是"企业：员工管理的不确定性增加"和
"员工：对工作时间的考核感到不安"，写出了政策落实
速度减缓的原因。

仅仅这些就足以概括了。这个方法具有通用性，如
果很难概括，就先找出结论是什么。开门见山说出结论，
再加上得出这个结论的依据，比如一些数据和原因，这
样就构成一个概括了。

紧急时刻，先说结论。请收好这个锦囊，它真的很
好用。

❷ 一条一条列出来

有些概括力"小白"在写文章时要思考很久。建议
你在思考的时候，把要点一条一条列出来。即使只有几
条，也好过一片空白。

当你一条一条地列出要点时，就已经是一个不错的

概括了。大胆地去做吧，其实，这种分条列出要点的做法在世界上是很常见的。

例如，企业的经营理念或经营方针一般都是分条列出的，它们极其简明地概括了企业的本质，是一种终极的概括。

我们来看一下日清制粉集团对利益相关者的基本态度是怎样写的。

对顾客：准确把握大众和企业的需求，以信赖为基础，提供安全安心的高品质产品和服务。

对股东：保持稳定适当的利益分配和及时妥当的信息公开。

对员工：营造健康安全的工作环境，使每一位员工都能在工作中感受到喜悦和人生的意义，最大限度地发挥自己的能力和个性。

对客户：以相互信赖为基础，尊重对方的立场，共享成果，共存共荣。

对社会：通过稳健的事业活动，为社会发展做出贡献。

虽然是分条列出，但考虑周全，没有遗漏。人们只需阅读这些要点，便能了解企业的基本方针。当时间有限时，就可以用这种分条列出的方法去概括。

❸ 先做目录再概括

还有一个概括的方法是先做目录，这和分条列出有些相似。当你需要做出有一定分量的概括时，建议先列出要写的内容，做成目录的形式。

目录相当于所有内容的一个概括，如果能列出目录，所有内容便一目了然，也就更容易写出来。

有一本很受女性欢迎的书叫《有教养的人才知道的事》(「育ちがいい人」だけが知っていること，诹内

EMI 著，钻石出版社），竟列出了257条目录，只浏览目录，就能基本了解全书内容了。

例如，关于"举止"的目录是这样列的：

1 面无表情和笑容满面之间——微笑

2 对陌生人也点头致意

3 打招呼的时候停下脚步

4 自然地说出关心的话

……

目录细致入微，条目繁多，这样的目录本身就是对全书内容的概括，给人一目了然的感觉。后面的内容只要按照目录来写就可以了，所以，如果感觉很难概括，就先做目录，后面写起来就会轻而易举了。

④ 巧用设问做标题

"为何嗅觉会消失？""重症病人的特征是？"用设问做标题，是吸引读者兴趣的一个法宝。

我非常喜欢这种设问的形式，常常对将来要当老师的学生说："希望你们以后上课时，能先向学生提出问题。"

《自然》是国际性的科学杂志，上面刊载了很多专业论文，读起来会感觉有些难。而如果标题是设问的形式，就能大大拉近和读者的距离。

2021 年 1 月 21 日号刊载的《COVID-19 造成的嗅觉障碍和味觉障碍 科学揭示的真相》一文中，小标题就用了设问的形式，按顺序列出如下：

体验过嗅觉消失的 COVID-19 患者比例是？

COVID-19 感染者为何闻不到气味了？

失去的感觉能恢复多少？

永远失去嗅觉和味觉的影响是？

是否有恢复感觉的治疗方法？

看到这些小标题，是不是感觉很难的论文也能读下去了？就算不能完全读懂，也可以从自己感兴趣的问题开始读，问题后面就是答案，读起来非常方便。

设问标题不仅能引起读者的兴趣，还能避免浪费时间，这是一个很大的好处。

本来提高概括力的目的之一就是为了节省时间，所以，用设问做标题再回答的概括方法也是非常符合需求的。

⑤ 同类事物做比较

有一个很方便的概括方法，就是与同类事物做比较。有了比较，就更容易理解了。

前几天看的《读卖新闻》（2021 年 4 月 25 日）里的一篇文章，就是一个很好的例子。标题是《你是哪一派？》，内容是内田百闲和梦野久作之间的比较。文章左右对称，两边对比，非常直观明了。

两边分别加了标题，梦野的标题是《不可思议的世界观让人上瘾》，内田的则是《文字里饱含深深的温情》，文章用读者评论的形式写出了两人作品的魅力。

"左右对称法"让概括直观明了，非常好用，请一定收好这个锦囊。

另外，这篇文章是让读者登场发表看法，但一般来说，从几个不同的角度做比较会更方便。

只有一个，不容易理解　　　有了比较，更容易理解

　　从第一个角度来看，A是这样的，B是那样的；从第二个角度来看，A是这样的，B是那样的……如此列举出两三个角度，将A和B进行比较，就能做出既严谨又明了的概括。

04

第 四 章

概括力训练

01 用三十秒概括一本新书的训练

① 概括在一张 A4 纸上

我在大学课堂上会让学生做这样的训练——把读完的新书用三十秒概括出来。两个人一组，互相给对方讲自己读过的新书，时间是三十秒。

刚开始的时候，大家都是概括力的初学者，很少有学生能在三十秒内简练、准确地概括出来。有的学生一直在说"嗯……""什么来着……"，很快就到时间了。

而经过逐步训练之后，所有学生都能在三十秒内很好地概括出一本新书了。到期末时，我提高了难

度，要求学生用十五秒的时间讲出来，大家也都做得
很好。

　　概括力经过训练可以提高，这是我在自己的课堂上
验证过的。在这一章里，我们将一起学习概括力的训练
方法。

　　首先是三十秒概括一本书的训练。请准备一张 A4
纸，写出以下内容：

·书名

·概要（这本书的内容，20 字以内）

·主题（这本书想要表达什么，80 字左右）

·引文 3 个

·书名

·概要

·主题

·引文 3 个

请在 A4 纸上写下这本书的相关信息。

另外，读书也是有窍门的。读书时，拿一根三色笔，在书上多划线。书划得越脏，就越能变成自己的东西，所以请放心地划吧，不要犹豫。

书中特别重要的地方用红线，比较重要的地方用蓝线，不重要但觉得有趣的地方用绿线。

整本书读完后，思考一下这本书的结论是什么。把结论放在"主题"的开头，后面写上得出这个结论的依据或要点，可以提炼出三个。这样"主题"部分就完成了。

接下来是"引文"，引用三处自己感到佩服或者感兴趣的地方。写到这里，也就大体了解这本书的"性格"了。最后，用一行字总结一下这本书的概要，就完成了。

看一下写好的 A4 纸，你会发现，这张纸本身就是一个概括。有了这张纸，三十秒概括一本书就不在话下了，只要快速念出来即可。如果适当省略一些内容，十五秒就可以讲出来。

　　每次读完一本书，都把它概括到一张 A4 纸上吧。
虽然有一点点麻烦，但如果养成这个习惯，就是一种非
常好的训练。这不仅能锻炼概括力，还能消化吸收书本
里的知识，一举两得。

02 小穗作文训练

① 用有趣的四格漫画训练概括力

和肌肉锻炼一样，概括力也是越练越强。所以，请一定努力坚持训练。

概括力训练的方法中，我大力推荐的是"小穗作文训练"。这是日本"国语专科教室"的创办者工藤顺一先生提倡的方法，我在儿童补习班工作时也用过。

工藤先生现已辞世，他在《培养会国语的孩子》（*国语のできる子どもを育てる*，讲谈社现代新书）一书中，介绍了这种训练方法。

《小穗》是《读卖新闻》早报上连载的四格漫画，作者是植田先生，描绘的是小男孩小穗一家的温暖日常生活。

"小穗作文训练"就是把《小穗》四格漫画用 100 字（原文为 150 字，乘以 0.7）概括出来。概括漫画是件好玩的事，而且故事的结尾都很有趣，所以，这个方法非常适合概括力训练。

概括漫画的规则是不能直接引用人物的原话。如果直接引用原话，概括就会变得冗长。

比如，小穗对妈妈说："给我买那个玩具吧！"概括的时候，要改成"小穗央求妈妈给他买玩具"这样的句式。把四格漫画用 100 字（原文为 150 字，乘以 0.7）概括出来，最后在结尾传达出趣味，就大功告成了。

② 要传达出结尾的趣味

大家只要试试就会知道，100 字听起来很多，但其实很快就写到了。如果在漫画开头的部分用很多字，就无法到达结尾了。

虽然漫画只有四格，却可以训练概括时抓住要领并完美收尾。有这样一幅漫画（《读卖新闻》2003 年 4 月 6 日早报）：

小穗往左边看去，看到了镜子里的自己。这是结尾的趣味所在。

这幅四格漫画可以这样概括：

小穗在看自己的宝贝。他让旁边的爷爷也给他看看爷爷的宝贝。爷爷告诉他宝贝在那个房间里。小穗去了那个房间，却没有找到宝贝。爷爷让他往左看，小穗看到了镜子里的自己。原来爷爷的宝贝就是小穗。（83 字）

© 植田 MASASHI

爷爷没有直接告诉小穗自己的宝贝就是他，而是让小穗看镜子明白这件事。小穗看到镜子里的自己，知道了爷爷的宝贝就是他，这是漫画的有趣结尾。

爷爷本来可以直接告诉小穗的，但他可能是不好意思，或者是想通过一个特别的方式让小穗明白这件重要的事，对此，大家会有不同的理解。不管怎样，我们在概括时，只要能传达出有趣的结尾就可以了。

③ 耐人寻味的提问

顺便说一下，一个好的概括是耐人寻味的，让人在听到结尾后，也会想一想："如果是我，我会怎么做呢？"

告诉你一个可以实现耐人寻味的秘诀——在讲述时加上一句"然后怎么样了呢？"。还是以小穗漫画为例。

有一期的小穗漫画是关于气球的故事。街上有人给孩子们发气球，小穗也领到一个。前面的小女孩不小心让气球飞走了。这时，小穗是怎么做的呢？

在这里加上一句："这时，小穗是怎么做的呢？"加上问题之后，更加突出结尾，更令人印象深刻。

要注意，提出问题后，不能留太长的思考时间。听者想要快点知道答案，所以停顿三五秒钟就可以说出答案。

小穗是怎么做的呢？他把自己的气球也放飞到了空中，追在小女孩的气球后面。小穗安慰小女孩，有两个气球飞在空中，她的气球就不孤单了。小女孩看到两个气球在一起，便不再难过了。

比起从头到尾说个不停，中间加个问题会更好，可以让人喘口气。这个问题能勾起听者的兴趣，突出结尾的趣味性。这样的概括更耐人寻味，更让人印象深刻。

© 植田 MASASHI

03 用十五秒报告近况的训练

① 练得越多，做得越好

走上社会以后，有时你需要向别人做一些概括。比如概括一下现在的状况，或者简单说一下问题的情况，等等。

这时，如果能简练准确地说明情况，别人就会对你赞许有加；反过来，要是说得结结巴巴，不得要领，别人就会觉得听不明白，或者暗想"这个人能行吗"？报告一件事情，用十五秒左右的时间是最合适的。

　　我在大学课堂上常常要求学生用十五秒的时间报告近况。其中，既有十五秒就能起承转合还风趣幽默的天才报告，也有拖泥带水、不知所云的笨拙报告——尽管他们在某些专业非常优秀。

　　前几天，有一个很优秀的学生做近况报告，用了两分多钟还没说完。我又让其他学生概括了他的报告，然后让他本人再挑战一次。

　　这一次，他顺利地用十五秒做完了报告。因为是概括别人概括的东西，他知道了哪些是重要的内容，准确地抓住了本质。所以，他做出了精彩的概括。

　　一个人说话用时太长就会抓不住重点，所以，话并不是越多越好。相反，凝练的表达才能明确表达本质。

　　做近况报告或情况说明时，要注意使用凝练的表达。你无须胆怯地说自己不善言辞，请放下顾虑，勤加练习，练得多了自然就说得好了。

　　据说喜剧艺人会在不同的地方说自己的段子，反复打磨完善后，再带到重要的舞台上表演。即使是说话不够简练、无法在十五秒内概括出自己想要说的内容的人，如果能把"十五秒训练"坚持下去，也终有一天能够学会凝练表达。

04 找出长段英文结构的训练

① 把关系代词和修饰语括起来

有的人在看书时，总是无法理解主题，不知道作者想要表达什么。不理解主题，也就无法概括这本书。解决这个问题的途径就是多看书，培养对文字的感觉。另外还有一个抓住主题的训练方法。

也许你会感到意外，这个训练方法就是读英文。近年来，在英语入学考试中，给出一段很长的英文，要求回答要旨的试题越来越多。

这种试题考查的是学生在浏览一段英文后，有没有领会主要内容。长段英文的阅读理解对概括力的训练是很有帮助的。

读长段英文的诀窍是，一边读一边把多余的地方跳过去。比如，"这里只是具体例子，跳过去""这个关系代词后面的文字只是修饰部分，先跳过"。找到文章结构是阅读长段英文最快的捷径。

当你遇到不会的单词时，如果这个单词和文章要旨没有关系，直接跳过就好。只要弄明白试题里问的"这篇文章的要旨是什么"就可以了。

这个方法概括一下就是——不要修饰，只要主干。在阅读时只管找出主干部分，合在一起就是文章的结构，这样就能领会文章的要旨了。

我在读英文时，会把有修饰语和关系代词的部分都用括号括起来，通通跳过。现象学中也使用这种方法，把先入之见括起来，不去考虑，暂时把保留起来的感觉放在括号里。

括号里的部分是细枝末节，所以，如果这里有你不会的单词，也完全不用在意。总之，砍掉枝叶，只留主干。这样，就只剩下主干，也就是文章的结构了。

概括力欠佳的人，不太擅长找到文章的结构，而如果熟练掌握了长段英文的阅读理解，就可以轻松找到文章的结构了。

有一个人对我说，他每天努力看英文报纸，坚持了一年左右，感觉英语文章的结构自己就浮现出来了。有趣的是，会看英文报纸以后，他看日文报纸也更加顺畅，而且，瞬间就能领会文章的内容了。

用英文提高了阅读理解能力后，看日文时，也能很快辨别出细枝末节，更快地找到文章结构。

现在，不论是在学校还是在工作中，需要阅读英文资料或书籍的时候越来越多。提高英文阅读能力的同时，领会文章要旨的能力也会得到提升，所以，英文阅读训练是我大力推荐的一个方法。

05 用起承转合概括电影情节的训练

① 讲述时分为起、承、转、合四个部分

当我看了一个感人的电影之后，就想把电影情节讲给别人听。我记得上初中时，在电视上的《周日外国电影剧场》看过电影《蝴蝶梦》（阿尔弗雷德·希区柯克执导，1940 年上映，美国）之后，我深受感动，在第二天的体育活动时间，我一直在给身边的朋友们讲这部电影。

把看过的电影讲给朋友听，或者在网上写一写，我想这都是非常简单易行的概括力训练。

概括电影可能比概括文章更难一些。不过，电影更有故事性，只要抓住情节的起承转合，也是很容易概括的。如果可以剧透的话，按照起承转合这个脉络去讲，就不会出错。

以《泰坦尼克号》（詹姆斯·卡梅隆执导，1997 年上映，美国）为例。这是当时非常火的一个电影，我也去电影院看过。这部电影的起承转合如下：

（**起**）登上轮船

（**承**）坠入爱河

（**转**）轮船沉没

（**合**）一人得救

只要在这四个部分的基础上充实内容就可以了。

首先登场的是豪华客轮泰坦尼克号，这是客轮的处女航，从英国出发驶向美国。登上轮船的有期待在美国获得成功的青年杰克，还有上流阶层的姑娘露丝。这部分是"起"。

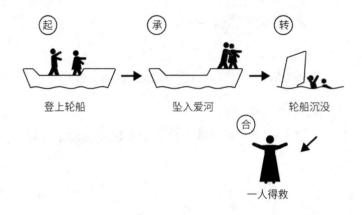

电影《泰坦尼克号》的起承转合

　　两人跨越身份的障碍，坠入爱河。这里是"承"。然而泰坦尼克号撞上了巨大的冰山而沉没。由于救生艇数量不够，许多人命丧大海。这里是"转"。

　　最后的"合"是，杰克帮助露丝活了下来，自己沉入了冰冷的大海中。只要按照"起承转合"的脉络讲出来，就是对电影《泰坦尼克号》的概括。

❷ 用省略号避免剧透

概括电影时常常需要避免剧透。这时，使用省略号是一个不错的办法。

我们来看一下亚马逊网站上对电影《泰坦尼克号》的介绍：

1912 年，豪华客轮泰坦尼克号开始了它的处女航。期待在美国追寻画家梦想的青年杰克，和上流阶层的姑娘露丝在船上有缘相遇。他们跨越了身份的障碍坠入爱河，情深意长。然而，号称"永不沉没"的豪华客轮遭遇了充满讽刺性的命运……（亚马逊网站）

这里的省略号用得恰到好处，巧妙地避免了剧透。要做出一个贴心的电影概括，就要学会这招，熟练使用避免剧透的省略号。

另外，亚马逊电影简介的一个亮点就是把焦点放在

"悲剧的恋爱"上。不熟悉《泰坦尼克号》这部电影的人很容易这样想——泰坦尼克号就是讲轮船沉没的故事吧，我对船可没什么兴趣。

而这个简介的焦点很明确——电影主要讲的是平民青年和贵族姑娘以悲剧结尾的恋爱，而非轮船沉没的故事。字数不多，但紧紧抓住了这部电影的特征，这是一个非常好的电影概括。

③ 不想概括时就说"知道了一件意想不到的事"

再举一个概括电影的例子。新海诚执导的动画电影《你的名字》（2016 年上映，日本）也是一个非常有人气的作品。我们来看"映画.com"网站上的电影介绍：

千年一遇的彗星造访地球将在一个月后来临，住在深山小镇的女高中生宫水三叶做了一个梦，梦见自己变成了东京的男高中生。宫水三叶每天在小镇里过着郁闷的生活，一直憧憬着大都市，她在梦里尽情享受都市生活。同时，住在东京的男高中生也做了一个梦，他梦见自己在一个从未去过的深山小镇中，变成了女高中生。两人在灵魂和身体的互换中，知道了彼此的存在。后来，他们知道了一件意想不到的事。（映画.com）

　　在这个电影介绍中，第一句就包含了大量的信息。一般来说，概括都有字数限制，所以，一个句子能包含多少信息量是非常重要的。

　　"千年一遇的彗星造访地球"是这部电影不可或缺的重要背景说明。"宫水三叶梦见自己变成了男高中生"是电影的关键情节，也是非常独特的地方，只读第一句，就让人感到新奇有趣。

　　第一句就包含了这么多的信息量，所以，这是一个非常好的概括。

都市里的男高中生和深山里的女高中生之间发生了什么事呢？介绍中写道："他们知道了一件意想不到的事。"大部分电影都会发生"意想不到的事"，所以，这一句很有通用性。

如果为了避免剧透，或者不想往下概括的时候，就用一句"他们知道了一件意想不到的事"来结尾，会起到耐人寻味的效果。

不过，这个方法不适用于考试。考试的时候，是要概括到最后的，所以，概括到一半就用这句话来敷衍是行不通的。

顺便说一句，正在流行的电影我都会去看。我特别喜欢看电影，平均每天看一部，除此之外，正在流行的电影不管喜不喜欢，我也是一定要看的。

之所以这么做，是因为看了流行的电影，并能概括出来之后，走到哪里都不会缺少话题。而前几天我在大学里问学生们看没看过《鬼灭之刃：无限列车篇》这部电影，让我意外的是，这么火的电影，回答看过的人还不到两成。

我很惊讶。据说《鬼灭之刃》（外崎春雄执导，2020年上映，日本）的电影票房已超过400亿日元（译者注：约19亿元人民币），就算有人看了不止一次，看过的人数也有几百万。

虽说大学生大多没有钱（这是没办法的事），但那么火的电影都没看过，会在很多时候跟不上大家的话题吧。

确实去不了影院的话，可以看一些电影介绍，也能说出来个大概，比如"这个电影主要讲了这样的事……""杏寿郎……"，这样，起码能够有话可聊。所以，至少要看看电影介绍，了解一下主要内容。

06 概括一集电视剧或动漫的训练

① 名词结句让概括更简洁

一般来说，概括电视剧或动漫也和概括电影一样，用"起承转合法"就不会出错。我们来看视频网站 Hulu 上是如何介绍动漫《进击的巨人》的：

这是一个巨人统治的世界。成为巨人食物的人类建造了五十米高的巨大墙壁，以墙外的自由为代价躲避巨人的侵略……梦想着去墙外看看自由世界的十岁少年艾伦·耶格尔，他与那些满足于暂时的和平而放弃自由的人们格格不入，称他们为"家畜"，而人们则视艾伦为"异类"。有一天，越过墙壁的超大型巨人出现，艾伦的"梦想"和人们的"和平"瞬间土崩瓦解……（视频网站 Hulu）

"起"是被巨人当作食物的人类的世界，"承"是生活在墙里的一个少年的登场，"转"是超大型巨人的出现，而"合"为了避免剧透，用"知道了一件意想不到的事"的方式做了模糊处理。

在这个动漫中，"墙"是一个重要的要素，所以概括时也紧紧围绕着"墙"。

"成为巨人食物的人类"，这个描述也很恰当。人类的修饰语一般是"什么样的人类"，而把"成为巨人食物的"作为修饰语，应该只有《进击的巨人》了。这让作品的特质非常突出，是一个非常好的修饰语。

这个概括还有一点值得我们学习，就是多用"名词结句"。如"……的世界""……的少年"。这种名词结句的方法在概括时很方便，可以多试试。

② 拟一个概括性的标题

我们常常看到，电视上每周播放的动漫或电视剧，每集的标题本身就是一个概括。《海螺小姐》就是一个典型的例子，每集的结尾会预告下周的标题，这个标题就是一个简短的概括。

让我们看一下往期标题——《波平再也无缘父亲节》《小太良当爸爸》《换季顺利吗》……标题本身就已经是概括了。

我们在看完一集动漫或电视剧后，也可以想一想，如果是自己的话，要给这集拟一个什么标题呢？拟标题是概括力的一个基本训练。

③ 删减到极限

当你习惯了拟标题之后，就可以提高一下难度，试着拟出让人印象深刻的有趣标题。让人印象深刻的标题有一个特点，就是没有多余的内容，用极简的语言凸显本质。

下面的例子不是动漫，是一首歌——大泽誉志幸演唱的《于是我陷入穷途末路》。这首歌的歌名也是直接道出了本质。歌词的开头是这样的：

你穿着我看不惯的衣服离开了家

你理了发，桌上的东西也全都留下

（JASRAC 出 2110678-101）

第一句"你穿着我看不惯的衣服离开了家"，就让人浮想联翩。"我看不惯的衣服"，几个字便道出了两人之间的隔阂。也许两个人之间发生了很多事情，多到三言两语很难说清楚。

然后，女人离去了，而"我"陷入穷途末路。

歌名《于是我陷入穷途末路》就是一个概括，至于女人为什么离开，这个关键的部分给省略了。其实，省略后反而更有新意，更别具一格。

标题要用短短几个字就做出概括，所以，要好好想想哪些地方可以删掉，哪些地方需要留下，这是非常关键的。

正像贾科梅蒂的雕塑一样——瘦削纤细。铜丝似的人物表达出世间的无助和坚定。这些削减到极致的雕塑，便是贾科梅蒂对人类精神影像的高度概括。

有的人总是概括不好，那是因为他觉得"这个不能删""那个也要放进去"，导致他的概括塞得太满了。

结果就是，别人不知道他到底要说什么。

试着摆脱这种心理，努力练习删减吧。就像抽积木游戏一样，从堆好的积木塔上一块一块地抽出积木，一直抽到塔倒为止。只要意思能讲得通就可以，把概括删减到极限，这也是一种概括力的训练。

所以，请一边想象抽积木游戏，一边练习"抽积木概括"吧。

07 概括小说的训练

① 比较各个出版社的小说简介

和电视剧或电影、动漫相比，小说的概括要更难一些，因为有的小说情节很复杂，有的小说还要加入解读。

概括本来是一定程度上共通的东西，但小说的概括会根据视角的不同而有所不同。

小说的概括可以参考各个出版社的出版书目。在这个书目里，每本书都有三五行字的介绍。整整一本书的内容只用三到五行字概括，这是非常考验概括力的。

另外，亚马逊等网站上也有各出版社对图书的简介。

这是各家出版社的编辑们绞尽脑汁概括出来的，所以，去比较同一本书的不同概括，也是很有趣的一件事。

"如果是我，会怎么概括这本书呢？"这样的思考也是一种非常好的概括力训练。

我们来看一下夏目漱石的《心》是怎样概括的。《心》在日本的知名出版社都有出版，所以我们可以放在一起比较。

友情和爱情之间，你将如何抉择？

青年学生"我"在镰仓的海边认识了一个男人，他有一种莫名的魅力，"我"叫他"先生"，对他十分尊敬。可是，"先生"总是对"我"保持着一段距离，说一些让"我"捉摸不透的话。后来有一天，"我"收到一封厚厚的信，那时"先生"已经离开人世。这封遗书坦白了"先生"的人生悲剧，这个悲剧开始于他和好友爱上同一个女子。

——新潮文库

遗书里写着先生的过去，那是他和好友 K 之间的秘密，这个秘密是关于房东家小姐的——那个后来成为他妻子的女人。自杀之路，利己主义，时代意识。这是夏目漱石后期三部曲的终曲，是漱石文学的巅峰之作。

——角川文库

主人公"先生"怀着将挚友逼死的负罪感，每天在不安和自责中度过，最终结束了自己的生命。主人公的内心历程是怎样的？继《春分之后》和《行人》之后，这是夏目漱石后期三部曲的终曲。作品用沉静的笔调刻画了近代知识分子的利己主义与伦理道德之间的冲突，是心理小说的名作。

——讲谈社文库

为了得到恋人而背叛好友，致使好友自杀。"先生"被来自过去的负罪感折磨着，最终自己也选择了死亡……这是一部探究爱、伪善和诚实为何物的杰作。

——集英社文库

"先生"留给我的遗书中，写着他的过去。他为了爱情背叛挚友，导致挚友自杀。负罪感使他自己最后也选择了自杀。作品描写了这个男人的一生，表达了超越近代人孤独苦闷的精神世界、迎接新时代曙光的决心。

——文春文库

"先生"曾背叛挚友致其死亡，他背负着过去之痛，终日被负罪感所折磨，过着厌世的生活。明治天皇驾崩时，发生了乃木大将殉死事件，"先生"也结束了自己的生命。然而，原因是……

——岩波文库

某个夏天，"我"在海边结识了"先生"，后来，便常常去"先生"家拜访。"先生"为何如此冷淡和厌世，"我"想了解其中原因的心情越来越强烈……把挚友逼上绝路的负罪感，让"先生"说出"人是不可信的"。这是一部刻画近代知识分子内心阴暗面的杰作。

——筑摩文库

怎么样，你是否也感到惊讶呢？虽然共通点很多，共主观性是一致的，但不同出版社之间，概括的风格迥然不同。这是一个很好的例子，焦点不同，概括方式也就不同。

② 开头用问题吸引读者

出版社的图书简介需要激发人们想读这本书的欲望，所以，大都有一些吸引读者的语句。例如，新潮文库的《心》的简介中，开头就提出问题——"友情和爱情之间，你将如何抉择？"

用问题的形式表现小说的主题，是一种非常巧妙的手法。一般来说，简介很少用问题开头，但在这个简介中，却用得非常恰当。"如果……，你会怎么做？"这种开头提出问题的方法对其他的小说也可能适用。

例如，太宰治的《奔跑吧！梅洛斯》的简介就可以这样开头："如果你遇到杀人如麻的国王，你会怎么做？"或者"当你疲惫不堪的时候，你还会继续奔跑吗？"又或者"让人生存下去的力量源泉是什么？"这样的开头是非常有吸引力的，所以，写小说简介的时候，可以想想能不能用问题做开头。

如果让我来写《心》的简介，我会在开头这样写："你真的是一个内心正直的人吗？"因为，《心》里的"先生"曾多次问过主人公："你正直吗？"

这里的"正直"指的是良心。在"先生"那个时代，人从小就被教育"活着要有良心"。

因此，我认为《心》是以"正直"为主题的"正直文学"。什么才是正直？你真的是一个正直的人吗？这才是小说的主题。所以，我会在开头就用问题的形式明确这个主题，这样不仅能让简介主题鲜明，还能在开头就冲击读者的心灵。

❸ 小说简介并不等于故事梗概

一千个读者眼中会有一千个哈姆雷特，解读不同，概括也就不同。有的小说简介会直接写出自己的解读。

例如在角川文库版《心》的简介中，写着"自杀之路，利己主义，时代意识。这是夏目漱石后期三部曲的终曲"。在这个概括中，"自杀之路""利己主义"和"时代意识"就是解读的关键词。

这种简介可以称为"解读型简介"。在这个简介中，还介绍了"这是夏目漱石后期三部曲的终曲"，表明了《心》在夏目漱石作品中所占的位置。

这已经超越了作品的内容，上升到它在夏目漱石全部作品中定位的问题了，可以说这是在更广阔的视角下写出的"外部视角型简介"。顺便提一下，夏目漱石的后期三部曲是《春分之后》《行人》《心》。

另外，讲谈社文库版的简介写道："主人公'先生'怀着将挚友逼死的负罪感，每天在不安和自责中度

过，最终结束了自己的生命。"这也是直接写出了自己的
解读。

从这两家出版社的简介可以看出，小说简介并不等
于故事梗概。我们可以用关键词点明作品的本质，也可
以从更广阔的视角来评价这部作品在作家所有作品中的
位置，还可以通过自己的解读，对主人公进行评价。

此外，讲谈社文库版简介中提到的"利己主义与伦
理道德之间的冲突"，对很多小说都适用。如果用在读后
感中，想必会获得很高的评价。

④ 用解读的方式概括长篇小说

长篇小说该如何概括？如果把情节从头到尾一一概
括的话，简介也会像小说一样变成鸿篇巨制。这时，我
们可以把小说情节的起承转合放在一边，用下定义的方
法，写出"这个小说归根结底讲的是……"，即"……

就是……"的形式。

　　以紫式部的《源氏物语》为例。《源氏物语》洋洋洒洒共五十四回，每一回都有故事，可谓规模宏大。

　　《源氏物语》的故事内容极其丰富，每一回单独拿出来都可以是一部小说。这么宏大的作品该怎样概括呢，真是让人一筹莫展。

　　而如果从"《源氏物语》是什么"的角度，用解读的方式去概括，是不是就容易多了呢？我对这部作品的解读是这样的：虽然一般认为《源氏物语》的主人公是光源氏，但其实这是一部描写各种女子的小说，光源氏只是衬托那些女子的一个配角。

　　也就是说，光源氏是照亮每个女子的"光源"。当我想到这种解读的时候，不禁兴奋地大呼："光源氏就是光源！"

　　你也可以练习用解读作品的方式概括长篇小说，也许会有意想不到的发现。

光源氏只是个"光源"？

光源氏就是"光源"！

　　作为参考，我再介绍一下俄罗斯长篇文学作品《卡拉马佐夫兄弟》的各出版社简介。请注意，每个简介中都有自己的解读。

　　父亲费多尔·卡拉马佐夫简直就是贪婪的化身。他的三个儿子虽然各不相同，但都明显继承了他的血统。浪荡放纵的激情男德米特里，冷静的理性主义者伊万，虔诚的修道士、故事的主人公阿辽沙，还有相传是老卡拉马佐夫私生子的斯乜尔加科夫。这些人物纵横交错，描绘出爱憎的地狱画卷，阐释了关于神与人的根本问题。这是世界文学史上屈指可数的名作。

——新潮文库

放荡不羁又贪得无厌的男人费多尔·卡拉马佐夫被杀害了。失去了一家之主，大家开始了争斗，犹如"毒蛇间的厮杀"。"神的存在""被认可的、被允许的"是何含义？凶手究竟是谁？

——讲谈社文库

贪婪好色的父亲费多尔，继承其血统的三兄弟——每天纵情声色、浪荡放纵的德米特里，彻底的无神论者、理性主义者伊万，还有充满无私之爱、虔诚纯洁的阿辽沙。从修道院里的家族聚会开始，一场思想深远的大戏幕布正缓缓升起。

——岩波文库

如果是我，我会想到被欲望奴役的"卡拉马佐夫之血"，或者"与其寻找人生意义，不如爱上人生"等名言，格露莘卡、退伍上尉父子、佐西马长老等重要配角，还有小说尾声时，少年们高呼的"卡拉马佐夫万岁！"……我的脑海中会浮现很多可以写的要素，关键是如何删减和保留。

① 概括并不是事实的简单罗列

我们在小学、初中、高中时用过的教科书是概括力的好榜样。学校里使用的教科书都是经过日本文部科学省审定过的，在这些教科书中，孩子在每个年龄段应学的内容都有精彩的概括。

原来，概括力榜样一直就在身边，而我们那时却没有发现它的可贵，真是可惜。

不过，当时我们还小，没发现它的价值也情有可原。但我们现在长大了，就可以把教科书作为概括力的典范，重新认识它们，这是训练概括力的一个很好的途径。

我最推荐的是世界史教科书。翻开它，我们便能了解世界性观点之下的历史意义。也许会有人说，日本人应该先看日本史。而我认为，应该先弄清楚整个世界的历史进程，再去研究日本和其他地区的个别性问题，这才是正常的读史顺序。

提到世界史，可能有的人印象里都是些琐碎的需要记忆的知识点，而实际上，教科书里用非常宏伟的大局观对世界史进行了概括。

例如，关于罗马帝国，有的人只去记它的兴衰史是从哪年到哪年，而教科书里不仅限于此，它把罗马帝国对于今天的意义做了很好的概括。

日本山川出版社的《详说世界史》中，是这样描述的：

罗马是诞生于意大利的一个城邦，它拥有着强大的军事力量，很快便统一了地中海周边所有地区。罗马帝国吸收整合了原有的各种文化、文明和民族，统一成一个地中海世界，以城市为中心继承和发展希腊文化。"罗马和平"所反映的罗马文明是之后的欧洲文明的直接母体，在罗马帝国迅速传播的基督教，和希腊文化共同成为欧洲思想的重要源头。

这段文字讲了罗马的历史意义，没有罗马就没有现代欧洲，罗马帝国是希腊文化和基督教这两大支柱的传承者。所以，这段内容不是简单地罗列事实，而是深入地分析了历史意义。从这本教科书中可以学到，概括并不是事实的简单罗列。

历史教科书所体现的概括力，是加上了解释的概括，要分析历史意义以及影响。

年表只是事实的罗列，不是概括。会分析意义，才是真正的概括力。这是我们从历史教科书中学到的。

② 关键在于概念的理解

"哪年发生了什么"，这样的知识点只是最基本的。根据基本的知识探究其中意义，这才是历史学的乐趣所在。我们要知道一件事的意义是什么，学习分析意义和理解概念。

举个例子。当有人问你"请概括一下 18 世纪在英国发生的工业革命"时，你将如何回答呢？

也许很多人会这样回答："工业革命就是开始用机械生产棉纺织品的那些发明吧。"

而山川出版社的世界史教科书，是从更宏观的角度来描述工业革命概念的：

工业革命发生在 18 世纪，首先发生于拥有巨大海外市场的英国。工业革命使生产方式转变为机器生产，确立了资本主义。工业革命从棉纺织业开始，扩大到其他工业部门，诞生了以工业为中心的社会。英国因为工业革命，确立了世界工厂的地位，不仅对欧洲市场的形成，也对世界市场的形成起了主导作用。

也就是说，工业革命由机器带来了以工业为中心的社会，形成了资本主义。"机器""以工业为中心""18世纪""世界市场的形成"，记住这些词语，就能对工业革命做出很好的评价了。

工业革命的结果是形成了这样的体系——英国作为世界工厂，进口原料，在工厂生产后，出口到海外市场，获得了巨大的利润。

这种体系使作为殖民地的印度受到了冲击。印度本来是自己手工织布，现在，却必须从英国购买机器生产的棉纺织品。

后来，甘地在民族解放运动中，号召印度人自己手工织布，来反对印度被卷入工业革命带来的资本主义世界。工业革命的影响与殖民地的强化、殖民地的独立和现代社会有着密不可分的关系。如果一个成年人在讲工业革命意义的时候，不能按照这样的思路去讲，就显得有些欠缺了。

历史教科书很贴心，会把历史的经过和意义写得简明易懂，高中时没有感觉到，长大后回头再看，书里的内容都是那么容易理解，着实让人欣喜。

成年人正需要利用教科书训练大局观概括力。实际上，成年人更加适合这样的学习。让成年人死记硬背史实，那可真是吃不消。

而如果让一个成年人思考某个历史事件的意义，或者让他讲一讲两件事的因果关系和影响，他会一下子变得饶有兴趣，想要去了解，想要说一说，因为成年人都希望自己能够说出事物之间的联系。因此，当他看到世界史教科书的时候，会分外感激："这本书把历史事件的联系写得多么清楚啊！"而且，现在没有考试，读起来会格外轻松。

看到精彩的概括，就大加赞赏吧，这样你的概括力也会越来越好。一本小小的教科书里就装下了整个世界的历史，这强大的概括力，值得每个成年人为它点赞。

希望每个家庭都能有一本世界史教科书，哪家出版社的都可以，因为，这是概括力的绝佳榜样。

09 编写自己简介的训练

① 不说多余的话

需要做自我介绍的场合很多，求职自不必说，创建博客或就职时，都要做自我介绍。自己的简介，也就相当于"对自己的概括"。

比如一个人三十岁，他就必须对三十年来的自己做一个简短的概括，表现出自己的闪光之处。这正是考验概括力的时候。

在《57岁找对象，震惊了》（57歳で婚活したらすごかった，石神贤介著，新潮新书）一书中，作者贴心

地告诉读者，怎样写个人简介才会更有吸引力。具体
如下：

　　①不要太长，也不要太短，用二十行左右概括。

　　②每句都要很短，多换行方便阅读。

　　③每个主题之间空一行等，一些贴心的小细节能让
别人看到三十行左右。

　　④要使用有礼貌的语言。

　　……

　　最重要的是不写多余的话。就像花匠时常修剪枝叶
一样，把多余的话剪掉。不管是文章还是说话，我们经
常能看到言多必失的人。

　　据作者石神先生说，这种男人是最扎眼的——比如，
自己没展示照片，却写着"谢绝无照片女士"；自己已
经年过半百，却要求"四十岁以上女士勿扰"。因为这一

句话，他会错失很多机会。

下面是石神先生介绍的个人简介的例子。

真诚寻找有缘之人。请多关照。

（1）我的工作是家电厂家的销售。工作成果容易看到，能让我感受到工作的意义。

（2）我的爱好是潜水。我每个月去一次海边，每年去一次南方的岛屿。冲绳的庆良间群岛是潜水天堂。

（3）我最喜欢的食物是饺子。在东京有三家我喜欢的饺子店，认识以后一起去吃吧。

石神先生评价说，这个简介虽然只有几行，但表现出了这个男人的"真诚""认真""热爱运动""热爱旅行""喜欢美食"等，传达出了很多内容。

有一个非常受女性欢迎的美国电影叫《美食、祈祷和恋爱》，这个电影名集合了深受女性青睐的各种要素，应该说是费尽心思写出的一个"个人简介"了。

② 措辞也很重要

求职的时候也需要个人简介。有个学生在"特长"一栏写的是"聚会干事"，结果被录用了。后来听人事说，是因为"特长那一栏写得好"。

特长是"聚会干事"，听起来这个人很好相处，而且让人感觉他既会办事，又很可靠。但如果特长写的是"喝酒"，就可能给人负面的印象。"聚会干事"这个措辞是非常巧妙的。

也有学生应聘教师时，在特长一栏写了"腹肌"，结果没有被录用。如果换作是我，我会觉得很有趣而选择录用他，但一般来说，人们会认为腹肌和教孩子学习没有关系，所以会选择不予录用。

在个人简介中写什么，措辞非常重要。有的时候它会关系到你的未来，所以需要慎重考虑。

自我介绍是为了让别人了解自己，你要弄清楚对方的需求，选择合适的表达。如果你对自己的语感没有信心，也可以请朋友或父母等帮忙提供建议。

⑩ 撰写商品介绍的训练

① 不要冷冰冰的商品说明，要刺激顾客的购买欲

撰写商品介绍很考验概括力，不仅要准确概括出商品的特点，还要在措辞上刺激人们的购买欲。

冷冰冰的商品介绍已经过时了。商品介绍是给人看的，所以要让人产生"好想吃！""好想去看看！""感觉真不错！"的想法。

宫城县有一款名牌点心叫"萩之月"，我们来看一下他们官网的商品介绍：

让所有人都为之欢喜的仙台名点"萩之月"。

常温下可保存数天。

宫城野胡枝子花盛开，天空升起了一轮中秋明月，这就是"萩之月"名字的由来。点心使用了大量风味醇厚柔和的自制卡仕达酱，外面包裹着松软的长崎蛋糕。

开头首先介绍了名字的由来。"萩之月"不是胡枝子和明月，而是象征胡枝子花盛开的原野上空升起的中秋明月。介绍完点心的形状，又介绍了具体的风味、原料和做法，如"松软""卡仕达酱""长崎蛋糕"等。

商品的外观和风味介绍完美结合，让人忍不住想要品尝。我们写商品介绍时，也要使用这种能刺激顾客购买欲望的写法。下面再看一个食品介绍的例子。

（女性杂志刊登的订购广告）

我们在不同品种的收获期，为您从产地直发新鲜摘下的山形樱桃。经典的人气品种"佐藤锦"，外形更大、口感紧实的"红秀峰"，果肉柔软、深受女士喜爱的黄樱桃"月山锦"，等等，网站上九个品种齐全，数量充足。

可馈赠亲友，也可自家享用。请尽情挑选吧！

这是三种樱桃的组合介绍，每个品种的特点都有描述——"经典的人气品种佐藤锦"，"外形更大、口感紧实的红秀峰"，"果肉柔软、深受女士喜爱的黄樱桃月山锦"。

"……的……"，"……的……"，"……的……"，这种描述方法非常好用，是可以用在商品介绍里的固定表达。

❷ 提前打消顾客的顾虑

我们在看电视购物的商品介绍时也能感觉到，面对眼前的商品，消费者总会有一些顾虑。

"声音会不会很大？""效果能持续多久？""很容易坏吧？"……

有的商品介绍会提前打消顾客的种种顾虑。下面看一个例子：

（凉拖的商品介绍）

这款凉拖质量上乘，令脚底舒适，长时间走路也不会累。

从一双可水洗的毛巾料凉拖开始你的夏天吧！

UCH-NO品牌以"追求极致的舒适感"为理念，以高品质的产品获得了一致好评。这款凉拖采用毛巾料，为了方便走路，设计了与脚底相似的形状。凉拖还使用了柔软的鞋底，使鞋子与脚可以一起弯曲，减小走路时的声音。因为解放了脚趾，长时间走路也不会累脚。毛巾料部分采用了清爽的抗菌防臭技术，还可以水洗。既能水洗，又能保持清洁，是本款凉拖受欢迎的原因。快开始你的夏天吧！

　　这个介绍把商品的特点准确又具体地表现出来了。"穿上它走路会不会啪嗒啪嗒响？""脏了可以洗吗？""穿它好走路吗？"这些问题都被提前回答了。

　　介绍完商品特点，提前回答了顾客的问题之后，结尾那句"快开始你的夏天吧！"也是非常巧妙。我看到这篇介绍时刚好夏日将至，所以自己也忍不住想买双凉拖了。

　　你也可以写一写身边商品的介绍，概括一下它的优势和卖点。如果看过的人都说"好想买啊！"，那么这就是一篇成功的商品介绍。

11 撰写店铺介绍的训练

① **主观和客观的平衡**

第一次去某家店的时候，很多人都会在社交网站或一些口碑网站上参考店铺评价。

口碑网站上有别人在去过这家店后写下的感想，自己也可能会在上面写评价。

有时，当我去一些店的时候，也会被店员拜托在口碑网站上写下评价。如果感觉这家店还不错，我就会给他们写点什么。

写店铺评价的时候，是带有主观感受的。比如，给一家按摩店写评价，肯定要点评一下按摩师的手法。比如一个人写的评价是"手法很好，就是力度不太够"。"力度不太够"就是这个人的主观感受，因为力度的强弱取决于评论者对疼痛的敏感程度。

本来概括是不能加入主观感受的，但在写店铺评价的时候，来看评价的人就是想听实际感受的，所以，主观感受也是必要的信息。但是，如果全写主观感受，就不免让人觉得："这家店适合这个人，但不一定适合我。"

所以，介绍店铺的时候，客观概括和主观感想的平衡非常重要。比如，"墙壁和地板是统一的色调，有一种很安心的氛围"，"用完餐后上了柚子茶"，这都是客观的概括。客观的概括就是指客观事实。这些事实的列举是必要的信息。

对于店铺的介绍，客观事实和主观感想都是需要的。

例如，在口碑网站上，有一家咖喱店的介绍是这样的：

> Bondy 咖喱　神保町总店
> 近神保町站　欧式咖喱的鼻祖　获神田咖喱最高奖项

> 尝过一次就无法忘怀，深受好评的 Bondy 咖喱。秘制的混合香料调制出绝妙的风味，丰富的乳制品和多种果蔬巧妙搭配出令人心醉的味道。不可思议的甜味中隐藏着辛辣，这是人们公认的美味。源自法国的正宗手工酱汁演奏出高雅的味觉和声。Bondy 咖喱为达到顾客满意，用心做好每一份咖喱。

　　文中首先介绍了 Bondy 咖喱获得了"神田咖喱最高奖项"这个事实。获得了最高奖项的客观事实非常具有说服力。然后，又介绍了"秘制的混合香料""多种果蔬巧妙搭配""源自法国的正宗手工酱汁"等，客观地描述了这家店自己的特色。这是一个很精彩的概括。

介绍中还写了"令人心醉的味道""不可思议的甜味中隐藏着辛辣"等主观感想，总结道"尝过一次就无法忘怀，深受好评的 Bondy 咖喱"，让人不禁想去这家有如此好评的店亲口尝一尝。

像这样，客观事实（店铺特色等）加上主观感想（味道评价等），是写好店铺介绍的关键。

12 不好概括就加限制的训练

① 限制很多的俳句正好适合训练

概括和一般介绍性文章的区别是，多数情况下，概括是有字数限制的，没有字数限制的概括几乎不存在。要么是限制空间，要么是限制字数或行数，概括是在有限制的情况下写出来的。

如此说来，大家平时都在用社交网站，而社交网站一般是限定字数的，所以概括力理应得到了锻炼。但根据我对大学生的观察来说，实际并非如此。

为什么社交网站锻炼不了概括力呢？因为在社交网

站上写东西不是概括，只是闲谈。漫无边际，优哉游哉，这样的写法是锻炼不了概括力的。

概括是在有限制的情况下，带着一定的紧张感去做总结。所以，如果真想练就概括力，就需要有适当的紧张感，在有限制的情况下进行概括力训练，这样才会有效果。

"五—七—五"的俳句就非常适合概括力训练。俳句要把各种信息都放进十七个音节里，可以说是终极的概括。

一家杂志社曾拜托我分别用"阿寅""一朗""广濑铃"来作俳句，我爽快地答应了。可俳句不仅有"五—七—五"的音节限制，还要有季语，还要余韵无穷，再加上还有指定用词，真是一件全是限制的苦差事。

等着手之后我才发现，由于"五—七—五"的音节限制，很难找到合适的语句。后来总算在截止日期之前交差了。当我看到杂志才知道，还有其他几位名人也创作了俳句，而且，每个人的俳句都被打了分！

幸好我的俳句被评为"优秀作品"，我才松了口气。作为NHK《游戏日语》节目的综合指导，要是得了很低的分数成为笑柄，可就大事不妙了。

我在新闻节目《Live News it!》中做评论员时，曾五次应邀为大谷翔平（译者注：日本知名棒球运动员）作俳句。

在他获得MVP时，我为他作的俳句是"海雕翔云上，雄风平球场"（大鷲の翔びて平むる球場）。因为当时是冬天，我用了冬天的季语"海雕"。另外，我还试着把他的名字"翔平"两个字加了进去。"平"还可以读作"osamu"，所以我按照"osamu"的读音用在了俳句里。想方设法，绞尽脑汁，所以，这是一种很好的训练。

提到俳句，我想起自己曾为《周刊》杂志写过的电影简介。这个栏目是介绍新年期间推荐的电影，我需要看十个电影，然后介绍每个电影的内容。

既然是电影简介，概括时就不能剧透，当然还要有我自己的感想和评论。而且，我还在简介里不露声色地使用了"五—七—五"的句式。

这样做了十个电影简介，真是煞费苦心。不过，正因如此，我的电影简介和一般的简介相比显得别具一格，所以我感到十分得意。不过，注意到我的一番苦心的人，可能也寥寥无几吧。下面介绍其中的几个。

《文春CINEMA》影评（2020年）

《无赖》（井筒和幸执导，2020年上映）

这是一部热血沸腾、狂野奔放的昭和史。不知道斯皮兹是狗的好孩子们，来感受昭和恣意飞扬的活力吧。满耳顺从言，昭和已渐远。吸粪车戳中笑点。

《声优夫妇的无奈生活》(叶夫根尼·鲁曼执导,
2020 年上映,以色列)

移民实不易,尽是不得已。什么都得做。坚持,自尊,回忆,转变。第二人生就要放下包袱。专业声优的声音魅力。防毒面具很抢眼,惹人发笑。

《黑道与家族》(藤井道人执导,2021 年上映,日本)

我有一靠山,叫他老爷子。这是最大的安全感。如果那个人是馆广(译者注:日本男演员),就更觉踏实安心。时间流逝,日暮途穷,仍然无可奈何。绫野刚(译者注:日本男演员)魅力非凡。

《新感染半岛 最终舞台》(PENINSULA, Yeon Sang-ho 执导,2021 年上映,韩国)

画面的透视和延伸突出了电影的规模感。被逼到绝境也能满血复活。汽车特技扣人心弦。丧尸是绝佳配角!人比丧尸险,惊魂废墟街。

《必是天堂》(伊利亚·苏雷曼执导，2021年上映，六国合拍)

巴勒斯坦在哪？镜头默不语，自有答案出。镜头下的风景美不胜收。冷清的街头，短剧。导演风格鲜明。警察是幽默短剧的必备元素。

《基督圣体》(扬·科马萨执导，2021年上映，波兰、法国合拍)

真正的祷告是什么？是不拘泥于形式，用虔诚的心面对神明。年轻牧师用自己的行动和语言，将怨恨变成了和解。改变因职务，神圣牧师服。

2021年，在给即将上映的电影所写的评论中，我更进一步，每句都用了"五—七—五"的句式。

例如电影《未曾走过的路》，我是这样评论的：

异国长羁旅，谁无思乡情。失智意迷离，如真又如梦。

脑中生迷雾，别途却分明。不同人生路，幻梦亦是生。

身在此世界，心往异时空。虚实交汇处，一念爱竟成。

"五—七—五"是日本人熟知的句式。怎样删减多余的部分，把信息凝练到十七个音节里，日本的文化里一直在做着这样的训练。

除了要符合题目要求，还要有季语，音节只有十七个，这些限制让我们莫名有一种紧张感。带着这种紧张感去创作俳句，不知不觉中概括力就会提高。

② 用和歌写一封情书吧

和歌也是日本人擅长的一种表现形式。把无限的思

绪融入"五—七—五—七—七"这三十一个音节里，这
就是和歌（现代叫短歌）的特点。提到大家耳熟能详的
有名短歌，就是石川啄木那首"日夜勤劳作，生活犹坎
坷。低头怜双手，此生无奈何"。

读起这首短歌，不用过多说明，我们就能体会到
二十六岁便英年早逝的石川啄木的艰辛生活。只用
三十一个音节，便能传达出本质，这就是和歌和短歌的
非凡之处。

纵有千言万语，即便明说，也说不尽、诉不完，就
把所有思绪都凝结在三十一个音节里吧。本来和歌就是
这样的存在。

如果把所有思绪都一一写出来，可能会用十张或
二十张纸，而和歌只用三十一个音节来概括，这是多么
惊人的抑制力。

俳句和短歌的抑制力是什么呢？我们可以从松尾芭
蕉的"皆言尽，所余何物"这句名言中得到启发。这句

话的意思是，不能说得太多，如果全都说出来了，那还能剩下什么呢？

不把一切都塞进文字。只概括本质，留下余白，任他人解读。这种极度抑制的概括手法，就是和歌和俳句的精髓。这里也需要对解读之人的信任。

我有一个大胆的提议，你能不能也用和歌写一首情诗呢？从《万叶集》那时开始，就有很多书写爱情的和歌。

就像《百人一首》中柿本人麻吕的"深山有野雉，雌雄各自栖。垂尾似长夜，又是孤枕时。"（あしびきの山鳥の尾のしだり尾のながながし夜をひとりかも寝む），就是一首描写在长夜里孤枕难眠的寂寥情诗。

原文中几个"の"相连，表现出了长夜漫漫的感觉，其他地方没有出现"寂寞"或"难熬"的词语，却能让人感受到"不能与你相会，我是多么寂寞"的怅惘情思。

给你单恋的人写一封这样的情书，可能会使对方陷入尴尬，但如果恋人之间互相为对方写上一首，也是一种风雅和乐趣吧。

有时候，比起一百句"我爱你"，把无限情思凝结到三十一个音节里的含蓄和歌，反而更能表达出热烈的爱。

05

第 五 章

超级概括力训练

01 主观和客观平衡才是好的概括

　　概括分为客观事实的概括和带有主观感想的概括。客观事实的概括是必要条件，如果在主观感想中体现出了自己的个性，就称得上是高级的概括。

　　客观事实的概括不论谁写都大同小异，但加上自己的独到见解，达到主观和客观的平衡，就会让人印象深刻。如果你现在已经学会了客观事实的概括，那就再上一个台阶，努力做出更高级的概括吧。

　　怎样做出更高级的概括呢？我们把要概括的信息用三色笔区分一下。

蓝色 客观信息，事实情况

绿色 主观感想，有趣信息

红色 可以作为标题的信息

有了这三种信息，就是主客观平衡的高级概括。下面以桥田寿贺子创作的电视剧《阿信》为例。

假如有人说"阿信隐忍坚强"，这属于主观还是客观呢？我认为"阿信隐忍坚强"更接近于客观事实。作者桥田寿贺子也曾说过，阿信的"信"字，包含了忍耐、坚强、信赖的意思，所以，才为主人公取名叫"阿信"。如果你能在概括时将这几个要素写进去，就会给人一种聪敏细心的感觉。

桥田寿贺子曾说，"阿信"这个名字是首先想到的。可见，"阿信隐忍坚强"可以看作是客观事实。

另外，《阿信》创下了日本电视剧最高收视率62.9%的纪录，在伊朗的收视率超过90%，这也是客观事实。这些事实的罗列都是客观性的概括。

假如有人说"阿信很可爱"，这又属于哪方面的概括呢？阿信是很可爱，这是阿信的特点，但如果问我这算是客观事实吗，我也无法回答。

如果说"阿信是自己喜欢的女性类型"，就完全是这个人的主观感想了。

概括信息的时候，首先分清这些信息是客观事实，是主观感想，还是介于二者之间，是非常重要的。然后以蓝色的客观事实为中心，再用绿色的主观感想来调味。

《阿信》的标准概括如下：

这部电视剧描写的是，出身于日本山形县贫苦农家的少女阿信，在明治、大正、昭和的动荡时代里，饱尝辛酸，坚强奋斗，不断探索女性生存方式和家族经营之道的励志故事。阿信隐忍坚强的形象打动了无数人的心，在世界上获得了超高的关注度。

02 提高客观事实的准确度

　　超级概括力必须保证事实的客观性。省掉多余的和含糊的地方，仅列出绝对客观的事实。也就是说，要提高事实的准确度。

　　要严密考察事实的准确性，可以使用笛卡尔在《方法论》中论述的四个原则。

笛卡尔的四个原则

　　（1）排除偏见、错误和虚假，找出确定的事实和真相。

　　（2）笼统的问题不容易判断，可以细分成小的问题思考。

（3）按重要度确定优先顺序。

（4）全面复查，确保没有遗漏。

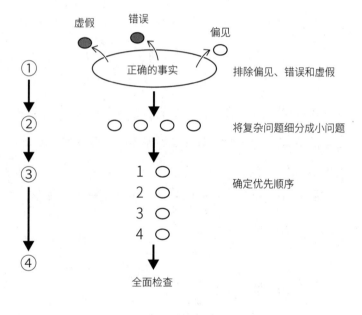

笛卡尔的四个原则

按照以上四个原则来考察客观信息，便可以提高事实的准确度。

下面我们把这个方法运用到《阿信》的概括上。要验证"阿信隐忍坚强"是不是客观事实，首先按照第（1）步，提出怀疑——"阿信隐忍坚强是客观事实吗？是不是只有我一个人这么认为？"如果不是确实可靠的，就要排除掉。

因为大多数人都说"阿信隐忍坚强"，并且电视剧中也出现了许多这样的情节，所以我们可以推测这是客观事实。

接下来按照第（2）步，从阿信名字的由来和原作者的意图等入手，细分成小的问题去思考。阿信的名字来源于"忍耐""坚强"和"信赖"，而且，原作者桥田女士说过，"阿信"的名字是先确定好的，她想用"阿信"来表现明治时代女性的生存方式。结合起来就能看出，"阿信"的名字里面隐含了隐忍坚强的意思。也就是说，从名字也可以证明，阿信是隐忍坚强的。

从第（3）步的优先度来看，这部电视剧的主题，是描写一位饱尝辛酸但仍顽强生活的明治女性的一生，所以很明显，"阿信隐忍坚强"是优先度非常高的信息。

最后是第（4）步，再次确认"阿信隐忍坚强"是不是客观事实，如果有确凿的证据，就可以把这一点作为客观事实写进概括里。

概括的时候，如果很难确定是不是客观事实，就用笛卡尔的四个原则来确认吧。

① 骨架 + 最高级的肉

用上述方法提取出客观事实后，接下来就是加上独具个性的主观感想。只陈述客观事实、只有"骨架"的概括索然无味，"骨架 + 肉"才别有风味。而且，还要用最高级的肉，这才是超级概括力应有的品味。

夏目漱石的《少爷》的"骨架"是这样的：

一个遗传父母冒失性格的江户人，去了四国的松山当数学老师。他小的时候，女佣婆婆叫他"少爷"。"少爷"生性莽撞，在松山和脾气不合的人们发生了很多不愉快事件，最后回到了东京。

这些都只是客观事实的概括，接下来要加上"最高级的肉"。选择最吸引人的场景，加在"有这样一件事"或"这件事最有趣"的后面。

比如，可以写"天妇罗事件"——"少爷"吃了四碗天妇罗面后，第二天，黑板上就写着几碗天妇罗等字样。因为这里是小地方，闲话传得非常快。

还可以写校长叫"狐狸"，教导主任叫"红衬衫"，英语老师叫"面瓜"，和"少爷"脾气相投的同事叫"豪猪"等有趣的外号。

这些不算故事概要，而是引人入胜的精彩内容，可以把这些加在"骨架"上。

制作美食的时候，即使准备了严格挑选的食材，但如果不浇上美味的灵魂酱汁，这道菜就不会变得更好吃。概括也是一样。在"骨架"上加"肉"，可以这样说——"举一个例子"，或"最有趣的是……"等等。

在《少爷》的概括中，如果加上"玛利亚"和"红衬衫"这些有趣的"肉"，就会给概括增加亮点，让人不禁想要读一读这篇小说。

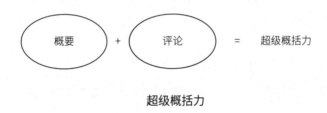

概要 ＋ 评论 ＝ 超级概括力

超级概括力

从小就性格莽撞的江户人"少爷"，去了爱媛县松山市的一所中学当数学老师。生性耿直的"少爷"数次被学生的恶作剧捉弄。"少爷"给学校的老师们起了外号，如"狐狸""面瓜"等。教导主任"红衬衫"是个卑鄙小人，他夺走了"面瓜"的未婚妻"玛利亚"，暗地里做了许多龌龊之事，"少爷"很讨厌他。"少爷"和同事"豪猪"一起教训了"红衬衫"，然后离开了学校，回到东京，和从小照顾他的女佣阿清婆婆一起生活。

不要普普通通的肉，怎样找到那块闪闪发光的最高级的肉，这就是超级概括力的"超级"所在。

❷ 努力练就"概括力＋评论力"

即使只能做到准确概括，你也能在世上左右逢源了，而如果你既会概括又擅长评论，那么，你将在世上无往不利。所以，我们要努力练就"概括力＋评论力"。

如果你同时具备这两种能力，无论什么事情你都能轻松应对。想让对方觉得和你的交流很有意义，就需要准确的概括和独到的评论，这才是万全之策。

下面来练习概括大家熟知的《堂吉诃德》，试着写出"概要＋独到的评论"吧。

《堂吉诃德》的主人公是一个落魄绅士，他沉迷于骑士小说，幻想自己也是骑士。他请农夫桑丘·潘萨作为侍从，两人一起踏上了荒唐滑稽的游侠之路。

这是《堂吉诃德》的概要，接下来我们加上评论：

这个故事的主题是幻想。现实与幻想混杂在一起，主人公把风车看成巨人，把村姑当作公主，这表明了现实的多重性。现实并非只有一个，而是多重的，这种观点叫作"多重现实"（multiple reality），而《堂吉诃德》这部作品就是多重现实的直接体现。

加上这样的评论，就会使概括显得更加理性。顺便说一下，"多重现实"是现象学社会学家阿尔弗雷德·舒茨提出的概念。

③ 概要加感想也是好概括

如果想不到好的评论，也可以谈谈自己的感想。下面我们来看陀思妥耶夫斯基的《罪与罚》怎样写概要和感想：

《罪与罚》描写了贫苦青年拉斯柯尔尼科夫为了证明自己是个"不平凡的人"，杀死了贪婪的高利贷老太婆，然后又杀死了偶然出现的老太婆的妹妹。杀人后，他在罪恶感的折磨下受尽痛苦。后来，他认识了心地善良的妓女索尼娅，在她的影响下，主人公忏悔自己的罪恶，灵魂得到了救赎。

这是《罪与罚》的粗略概要，接下来可以加上自己的感想。

比如，有人说："我很喜欢这段描写——索尼娅对拉斯柯尔尼科夫说：'你应该亲吻大地，大声喊出来，是我干的！’”

　　这里与概要并没有太大关系，但这段描写是让他感动和震撼的地方，这是感想式评论。比起简单粗略的概要，感想式评论突出了某一个场景，更让人印象深刻。

　　我们再来看看大家熟悉的电影《鬼灭之刃：无限列车篇》可以怎样概括和评论。

　　主人公灶门炭治郎的家人惨遭恶鬼杀害，唯一幸存的妹妹也异变成鬼。为了让妹妹变回人，炭治郎加入了猎鬼人组织"鬼杀队"。无限列车篇讲述了在列车中，炭治郎和鬼杀队成员们，还有鬼杀队将领之一——"炎柱"炼狱杏寿郎与恶鬼战斗的故事。

　　在无限列车中，恶鬼让大家陷入沉睡，炼狱杏寿郎肩负着所有人的命运，与恶鬼持续战斗着。

　　这是电影概要，接下来加上感想就可以了。

无限列车篇的主题是炼狱杏寿郎的英雄气魄。他的母亲曾对他说："保护弱者是天生强者的责任。"这句话让人潸然泪下。

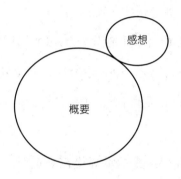

概要加感想让你的概括与众不同

把感动自己的地方写在评论里，也能得到别人的共鸣。我想，今后人们需要的不是简单的概要，而是加上评论的概要。

当今世界上交流最频繁的是什么？不是货币，而是评论。在 YouTube 上，动漫《咒术回战》主题歌的评论一半以上都是英文。世界各地的人们用英语写下评论，日本人也用英语回复评论。

评论中也有中文、韩语、法语、西班牙语等，现在有翻译功能，让这些语言的交流没有障碍。所以，整个世界都可以用评论联系起来。

我以前给英语专业的学生上课时，让他们用英语在社交网站上写评论。写下评论后，马上就有人用英语做了回复，这让我们深切地感觉到，世界是联系在一起的。

所以，我想未来的世界最需要的是"评论力"。只有概要的话，多少会令人感觉有些乏味。而如果能加上"这里让我很感动"或"看到这里我哭了"等评论，就会变成更深入人心的交流。

不过，要是忽视了关键的概要部分，就没有任何意义了。

在准确概括的基础上进行评论，这一点请不要忘记。

④ 精彩导语让概括更高级

吸引人注意的语句叫"宣传语"，宣传文案或稍长一点的宣传语也可以叫"导语"。在概括的开头使用一句精彩的导语，能够提纲挈领，牵引全文，让概括更高级。

例如太宰治《人间失格》的小说简介，新潮文库是以这样的导语开头的：

主人公把日本人分为两种——敏感的人和不敏感的人。

在介绍的开头直接来这样一句，便会吸引人们读下去。与老套的开头相比，比如"《人间失格》是描写太宰治内心苦闷的自传体小说"，显然前者更有吸引力。

大部分人对概括的印象都是中规中矩的，认为内容没有遗漏，字数适当就可以了。而我认为，用吸引读者兴趣的妙语佳句开头，充满个性的写法也是不错的选择。

　　写导语或宣传文案和拟标题相似，并不一定和概要直接相关。著名电影《蒂凡尼的早餐》（布莱克·爱德华兹执导，1961 年上映，美国）并不是讲述在蒂凡尼吃早餐的故事。蒂凡尼是珠宝店的名字，本来就不能在那里吃早餐。

　　加西亚·马尔克斯的《百年孤独》也不是描写活了一百年的人，住野夜的《我想吃掉你的胰脏》更不是描写吃人胰脏的故事。题目往往是内容的一种象征或暗喻。

　　导语或宣传文案在反映概要内容的同时，还要吸引读者的兴趣。如果你能写出"7-11，好心情！"这样让人忍不住哼唱的广告语，那就是巨大的成功。

　　"要是给这个小说写宣传文案，应该怎么写呢？""这篇概括开头的导语怎么写好呢？"这样的思考就是概括力的一种进阶训练。

　　不过，对于初学者来说，写出经典佳句并非易事。有一个简单的方法——从原文中引用使人印象深刻的一句话。

例如《人间失格》的介绍文案，岩波文库就是引用原文作为导语的：

"回首过往，我的生活尽是羞耻。我捉摸不透'人的生活'。"这是主人公对自己过往的自白。他无法理解世人，内心充满困惑和恐惧，丧失了做人的能力。这是太宰治用尽最后的心血写下的长篇小说。

介绍文案引用的是《人间失格》中第一手记的开头，这一句非常有名。把这句话作为介绍文案的第一句，对于了解这部作品的人来说，一下子就抓住了他们的心——"噢，是那句！"就算是不熟悉这部作品的人，也会因为知道了一句太宰治的名言而印象深刻。

而刚才提到的新潮文库的介绍文案，除了使用"主人公把日本人分为两种——敏感的人和不敏感的人"这种充满个性的导语之外，正文也引用了原文"回首过往，我的生活尽是羞耻"作为开头。

"回首过往，我的生活尽是羞耻。"男人的手记从一句直截了当的自白开始。他伪装自己，欺骗别人，犯过无可挽回的错误，他认定自己失去了做人的资格。而当他离开后，怀念他的一个女人如此说道："他很坦率，也很聪明，（中略）是个像神一样的好孩子。"这是一部备受热议的小说，是太宰治的沥血之作，它追问着人们生而为人、与人共生的意义。

这个介绍文案用原文开头，用原文收尾，是一个非常有趣的概括。而且，开头的引用和最后的引用在内容上形成对比，这一点也很特别。这是一个很好的例子，它告诉我们，如果有了有效的引用，概括也会更加精彩。

⑤《查拉图斯特拉如是说》的章节概要

德国哲学家尼采的《查拉图斯特拉如是说》是一部晦涩难懂的哲学著作。而且，这本书非常厚，从头读到尾的人恐怕不多。

而中公文库白金版《查拉图斯特拉如是说》在各章节的开头，都有译者手冢富雄做的简短概要，读起来非常轻松。大家在读难懂的书时，也可以给每个章节做出概括，整本书就好理解了。

写出内容提要式的章节概要，引导自己去理解，也是超级概括力的一种训练。

我们来看一下中公文库白金版《查拉图斯特拉如是说》的概要。第一部的第一节这样写道："查拉图斯特拉经历了长久的孤独之后，精神饱满，他下山来到世间，想要成为像太阳一样的给予者。"我们从这段概要中就可以知道，查拉图斯特拉是一个什么样的人。

查拉图斯特拉宣扬说，那个代表绝对真理和价值的上帝死了，也就是说，上帝不存在了。于是，生活也失去了意义和目标，人只是在毫无意义地重复生存和死去。这就是查拉图斯特拉所说的"永恒轮回"的世界。

然而，这才是"生"，肯定生命价值而活着的就是"超人"。《查拉图斯特拉如是说》在"超人"将要到来的预言中结束。

下面看一下重要章节的概要。

· 成为超人的精神有"骆驼、狮子、小孩"三种变形一节的概要

查拉图斯特拉开始向同道中人宣讲。从甘于负重的服从精神到寻求自由，再到天真地肯定一切和创造。这是超人诞生的过程。

· 关于"永恒轮回说"中"痊愈者"一节的概要

渺小卑微的人也会因轮回而呕吐、昏迷，但很快就

会痊愈，想要歌唱。"永恒轮回说"的概念介绍是歌的序曲。

·最后一节"沉醉之歌"的概要

现在，高人们也在大喊"生命啊，重来一次吧！"伴随着午夜的钟声，讲述着永恒轮回的奥义。这是诗，也是思想。此为本书的最高潮。

怎么样，有了章节概要作为线索，读者就更想读下去了吧？而且，有了章节概要，也更有助于我们理解全书。《自然》等刊载论文的杂志中都有论文的摘要，也是考虑了读者的方便。

然而，大部分的书是没有贴心的章节概要的，顶多会在封面上有个类似的介绍。

如果书里没有章节概要，就干脆自己做吧！如果给每章或每节都做了概要，读到再晦涩难懂的文章也能豁然开朗。这也是一种超级概括力的训练。

⑥ 写一句自己的经典名言吧

前面说过，终极的概括是定义。能定义"……就是……"，便可以说是概括力高手了。定义就是事物的本质，能将本质用凝练的语言概括出来，就是超级概括力。

所以，如果想要练就超级概括力，就如第一章提到的，要养成给世界上的事物下定义的习惯。为事物下普遍性的定义，难度是很高的，我们可以自己写一句名言来鼓励自己。

NHK 的节目《Professional 行家本色》中，接连不断地出现个人风格很强的名言。这是个纪录片节目，专门探访在自己的专业领域内非常成功的行家，节目的最后都要问"你认为行家是什么？"，请行家来回答。

"你认为行家是什么？"

黑柳彻子（女演员）：

"以前我觉得行家是用高级的知识和技术持续工作的人。现在我认为，行家就是对于已经熟悉的工作，还能用热情持续去做的人。"

荻本钦一（喜剧演员）：

"行家就是把无趣的工作做得有趣的人。"

本田秀夫（精神科医生）：

"行家就是从事一种工作后，就一直想着这个工作的人。不管吃饭还是娱乐，总是突然想到'啊，这个也许能用在工作上'，或者'这也许是个启发'，行家就是能常常想到工作的人。"

木村光希（入殓师）：

"给人送行的工作，并没有正确和完美。所以，想再做点什么，想做得更好一些，行家就是总能这样想的人。"

宇多田光（创作歌手）：

"行家就是坦诚地对待音乐的人。差劲的事、丢脸的事、不愿承认的事……所有的事情，都去坦诚地面对，守护自己的圣地。"

本田圭佑（职业足球运动员）：

"本田圭佑。把行家变成'本田圭佑'这个名字。我要让质疑我的人看到我的样子，让他们也能自然地说出行家就是本田圭佑。这是我的一个抱负。"

羽生义治（职业棋手）：

"行家就是总能在当时竭尽全力的人。"

山中伸弥（研究人员）：

"行家就是知道自己什么都不知道。"

川上量生（企业管理者）：

"行家就是对自己的工作感到自豪的人。无论做什么工作，即使做得还不够好，也认为这是自己的工作，一直充满自豪、满怀信心地做下去。这样的人让我尊敬，我希望自己也能成为这样的人。"

这个问题很难，行家们需要用自己的风格回答，给"行家"下一个独特的定义，或者说出一句经典名言。这为我们写自己的名言提供了参考。

获得三个级别世界冠军的职业拳击手长谷川穗积说："拳击是一项需要理由的运动。"

这句话让我深受触动。我以前打过网球，网球是一种不需要什么理由的运动，只要想打就可以去打。

而拳击则不同，不仅疼痛难忍，减重过程也十分煎熬，让人不禁想问：为什么一定要去打拳击呢？如此看来，拳击确实是一项需要理由的运动。

我深深地感到，长谷川的这句话，只有拳击运动的行家才能说出来。

⑦ 从行家们的名言中学习

棒球运动员野村克也说过："棒球是一项追求准确率的运动。"不仅是棒球，球类运动多数是看准确率的，尤其是棒球，要看安打率是多少等等，是和数字密切相关的运动。

野村在担任教练的时候，提出重视数据的"ID棒球"，带领球队多次获胜。他把好球分为九个区域，根据数据进行指导。比如，"这个球落到本垒内角，再用外侧旋转球配球"。

"棒球是一项追求准确率的运动。"可以说，这是野村用毕生之力给棒球下的定义。因为有了这个定义，日本人对棒球的理解才更加深入。

还有一位棒球运动员叫王贞治，他也说过一句意味深远的话：

"我觉得人生就是一个圆。早晨，中午，夜晚，然后又是早晨。季节也是如此，冬天，春天，夏天，秋天。周而复始，永不停息。"

听到这句话，我也深有体会。与其说人生是一年一年度过的，不如说是按照春夏秋冬度过的。我是大学老师，每年三月的毕业典礼之后，马上就是开学典礼，迎接新生。每年从四月开始，三月结束，然后又从四月开始……我深切地感觉到，我就是在这样的循环里度过一生的。

野口体操的开创者野口三千三为体操下的定义，也是能让我们的身体感觉发生变化的名言。野口是这样定义体操的：

以自己体内来自大自然的自然之力，和自己体内来

自大自然的自然之材，在自然的自己中，创造新的自然之己。这就是体操。(《最初的生命体——人》，岩波现代文库)

提到体操，我们一般以为就是活动身体，而野口为体操下的定义是"创造新的自然之己"，这与我们所理解的体操完全不同。

野口说，体操让身体的感觉也发生变化，人的身体就像一个皮袋。皮袋里装着满满当当的液体，骨骼漂浮其中。从这样的描述中可以知道，体操让人有了全新的身体感觉。

从过去传承至今的家训虽与名言稍有不同，但也是用简短的语言提炼本质的终极概括。

我出过一本书叫《最强家训》(*最強の家訓*，祥传社新书)，里面收集了各种各样的家训。据说日本安田财阀创始人安田善次郎在离开家乡富山时，曾立下两个誓言，一直坚守至生命的最后一刻。

·勿以私利为所欲为，勿以谎言损害他人。

·勿以任何利益而为不合身份之事。

（摘自吉田实男著《商家的家训》，清文社）

我们也可以把自己承担的责任或遵循的规则用家训的风格写出来，这是很有意思的一件事。

古典著作中，用一句话精辟概括的例子比比皆是。例如《孙子兵法》中的"不战而屈人之兵，善之善者也"，意思是不通过交战就降伏全体敌人，才是最高明的。还有"知彼知己，百战不殆"，也是一句千古名言。

孙子的话概括得精辟独到，合乎道理，让人一下子就能领会其中奥妙。两军作战是很复杂的事情，而孙子却能用如此简明的语言概括出来。

二十岁的脸是自然的赠予,

五十岁的脸是自己的作品。

——香奈儿

架势就是能应对所有状况的准备。

——李小龙

帝国主义是资本主义的垄断阶段。

——列宁《帝国主义论》

写出这样的高水平定义和名言很难,但即使很难,也请你试着写一写这些命题,比如"爱是什么""笑是什么""生活是什么""人生是什么"等等,想一想它们的定义,或者写一句属于自己的名言。

或许经过思考,你也能一语道破本质,做出终极概括。

⑧ 将三者联系起来，挖掘独特视角

做概括的时候，如果能列举出三个事物，找出三者之间的共同点，就可以做出视角独特的高级概括。

举个例子。这是《白金版特集 他的读书指南》（Magazine House）里面刊载的文章，由不同的人来介绍自己的"心灵之书"。从每个人的介绍中，读者便能看出那个人的独特视角。

摄影家石内都介绍了《寂静的春天》（蕾切尔·卡逊，新潮文库）、《新装版·苦海净土——我的水俣病》（石牟礼道子，讲谈社文库）和《第七感的彷徨》（尾崎翠，河出文库）这三本书。

《寂静的春天》是提出世界公害问题的著名作品。《苦海净土》也是描写公害的作品，该书用叙事体风格和强有力的笔触描写了水俣病公害。

《第七感的彷徨》是一部小说，主人公是一位少女，她梦想着能写出超越五感（眼、耳、鼻、舌、肤）和第六感的诗。这本书的作者有着非凡的才华，然而，大正到昭和初期，作家是很难生存的，作者只能无奈搁笔。

这三本书的共同点是，它们都是由勇气可嘉的女性写出来的。虽然三部作品完全不同，但石内并不是随便找了三个作品来介绍，而是基于"勇气可嘉的女性"这个视角，将三本书联系在了一起。

所以，加上自己独特的视角，就会做出有个性的概括。那如何找到独特的视角呢？我推荐的方法是列举出三个事物。比如，最喜欢的三个电影、最喜欢的三个武将、最尊敬的三个人，等等。列出三个之后，这个人的个性就显而易见了。

要列出三个，而不是一个。如果只列出一个，比如"我最喜欢的武将是织田信长"，这样说的人太多了。而如果列出三个武将，一个人的喜好和人生态度便鲜明起来。列举的三个事物之间有何联系，这便是自己的独特视角。

　　找不到独特视角，就先列出三个自己最喜欢的，然后思考它们之间的联系。想一想自己为什么会列出这三个，独特视角自然就浮现出来了。

　　想明白它们的联系，也会发现它们的区别。把联系和区别都写进去，就可以写出一篇高级的概括。

后记

我写了关于概括力的书，却在最后说这样的话有些不合时宜——实际上，你们所有人都已经有概括力了。

因为你们从小学，到初中、高中、大学的学习，正是在练习概括。学习这件事归根结底，就是概括力的训练。

考试就是典型的例子。平时上课学到大量的知识，考试时根据问题进行概括，然后写出答案，我们就是这样一直反复训练概括力的。

所以，你是具备一定的概括力的，虽然自己还没有意识到。举一个例子，我所在大学的一个学生参加工作后，有一次上司给了他大量的数据，要求他在第二天开会前准备好会议资料。

一开始他以为这绝对是不可能做到的。而当他使出了救火似的牛劲儿后，竟然完成了工作，还被上司表扬"做得不错"。

顺利完成看似不可能的工作，这要归功于我们从小学就开始进行的概括力训练。其实，我们都具备了概括力的基本功底，一旦接到紧急任务，都能发挥出救火似的牛劲儿。

前几天，我自己也尝到了概括力的甜头。附近有一个建筑工程，我需要在听完专家的说明后，传达给施工方和相关人员。

专家讲的建筑标准法、抗震性、建筑施工方法等，都是我完全不了解的专业知识。而当我概括给大家后，在场的人都称赞我"完美概括了专家的话"。

要问我是怎么做到的，我想这得益于从小学就开始进行的概括力训练。

　　我们所有人都有概括力，它就好像是我们的潜在能力一样，在紧要关头，都可以发挥出来。只要经过强化训练，我们就可以拥有更高水平的概括力。

　　概括力是现代社会中做任何事都需要的能力。所以，概括力越强，你的人生就会越幸福。

　　让本来就有的概括力更上一层楼。

　　愿你以此为口号，通过这本书练就超级概括力。

　　在本书付梓之际，我要感谢辻由美子女士和筑摩书房的羽田雅美女士给予我的帮助。谢谢你们。

斋藤 孝